# ワークライフバランス社会へ
## ―個人が主役の働き方

# ワークライフバランス社会へ

個人が主役の働き方

大沢真知子
Machiko Osawa

岩波書店

目次

ブックデザイン：熊澤正人＋尾形忍（パワーハウス）

# はじめに

格差の拡大は見せかけなのか、それとも本当なのか。格差論議が再び熱くなってきた。朝日新聞社が二〇〇五年一二月から〇六年一月にかけておこなった全国世論調査の結果によると、七四％のひとが「所得の格差が広がってきている」とおもっており、そのうちの七割がこの格差の広がりを問題だとおもっているという(「朝日新聞」、二〇〇六年二月五日)。

一億総中流社会といわれ、だれもが努力をすれば今よりよい生活が手に入ると考えた日本の社会がいま大きく変わろうとしている。

本書では、この格差の拡大という現象を、雇用形態の多様化との関連で考える。経済のグローバル化にともなうコスト競争の激化は、不安定な就労形態の仕事を生み出す。それは先進国に共通にみられる現象である。それでは、すべての先進国で所得格差の拡大がみられるのか、というとそうではない。その国の法制度や社会システムのあり方、あるいは社会固有の慣習などによって、それが社会にもたらす影響はかならずしも同じではない。

経済のグローバル化にうまく対応している国とそうでない国とはどこが違うのか。それは、経済のグローバル化が求める(変化に対する)柔軟性を、社会にどう取り込み、その痛みとメリットを分かち合うのか、その分かち合いのあり方の違いにあるのではないだろうか。

不安定な仕事をたくさん生み出すことで、コストを削減し、競争力をつけるのか。それとも、保障のある仕事のなかに働き方の選択肢をふやすことでそれに対応するのか、社会にもたらす影響は大きく異なる。

経済のグローバル化にうまく対応し、経済のパーフォーマンスのよい国では、正社員の働き方を柔軟にし、非正規から正規への移動を進めている国が多い。ここでいう正社員の働き方を柔軟にすることがワークライフバランス施策とよばれるものである。

本書のタイトルであるワークライフバランスとは、仕事もプライベートもともに充実させる働き方や生き方を意味する。その双方があって人生ははじめて充実する。働くことに対する報酬はお金だけではない。家族をかかえ、お金を優先したいひともいれば、家族の世話や第二の人生を充実させるために、仕事をすこし減らしたいひともいる。時間を優先させた分だけ報酬は減るが、報酬を時間でもらっているともいえる。

仕事の対価はお金だけではない。時間でもらうこともできる。それを自分なりに選択できる社会になったら、いまよりももっと多くの仕事が生み出され、より多くのひとが社会に参加することによって経済もよくなり、税収もふえる。そのために、社会のしくみや、会社の人事管理制度や、わたしたちの価値観を見直していく必要があるのではないだろうか。そう考えて書いたのが本書である。

そんなことをしなくても、〇七年になれば、問題は自然に解決する。団塊の世代が引退すれば、若者の就業機会も大幅にふえ、事態は改善されるという議論もある。本当にそうなのだろうか。

つい最近も、「求人倍率が一倍を回復した」というニュースが新聞紙面のトップを飾った。ところがよく読むと、求人の多くがパート就労の増加による。〇五年一二月の有効求人倍率を就業形態別に見ると、パートが一・四一倍と一倍を大きく超えているのに対して、正社員は〇・六五倍にとどまっている(「日本経済新聞」、二〇〇六年一月三一日夕刊)。ちなみに、この数字は一をこえていれば求人数が求職者を上回っていることになる。非正社員に大きく依存した社会が形成されつつあるのである。

景気が回復し、デフレ経済から脱却しても、現在の日本社会がかかえる雇用の質の低下や雇用形態間の格差の拡大といった問題が解決されなければ、その回復も力強いものにはならないだろう。二一世紀にどのような社会をイメージし、どのような社会を作るのか。本書でそのビジョンを描いてみたい。

なお〇六年四月から開講される放送大学「二一世紀の女性と仕事」のテレビの講義ではオランダ・デンマーク・イギリスの共働き夫婦の実態を紹介している。また本書で紹介している専門家へのインタビューも番組の中に含まれているので興味のある読者の方はこちらもご覧いただきたい。

序　章

# プロローグ

共働きが一般的になった社会で、夫婦がどのように仕事と家庭を両立させているのだろうか。二〇〇六年四月に開講になる放送大学の講義の教材を作るために、〇五年六月、わたしはディレクターやカメラマンとともに、イギリス、デンマーク、オランダの三カ国を訪問した。

約二週間のロケの最終日。オランダのアムステルダム郊外で、子どもを寝かせた後のご夫婦のインタビューを撮影し終え、食事にありついたのは夜の一〇時をすぎていた。

ロケの最終日となったその日の食事会では、打ち上げもかねて、チームのメンバーひとりひとりが、約二週間の旅を振りかえり、感じたことをそれぞれに語った。

そのなかで、もっとも心に残ったのが、若いアシスタントディレクターの話であった。思い出に残るロケとなったという話の最後に、いままでほとんど休みをとっていなかったので、帰ったら休みをとって地方に住む親を訪ねたいと話を結んだのである。

その最後の言葉を聞いたときに、静かな感動がわたしの胸に広がった。そして、このロケは成功したのだとおもったのである。そして、そのおもいは、わたしだけではなく、その場にいた全員の共通したおもいではなかったかとおもう。

仕事とプライベートな生活とのバランスをとって家族がともに生きる姿を撮影しながら、いつしかその目は、わたしたち自身の生活や生き方を見つめ直す目になっていたのだ。それこそが、わたしたちのロケの目的だった。二一世紀の新しい時代に、わたしたちはどのような社会を作り、どのような生き方をしたいのか。自分の人生にとって大切なものは何なのか。それを知り、それを大切にできる社会とはどのような社会なのか。それを探していたのである。

わたしたちが取材した三カ国は、それぞれに異なった政策を用いて、夫婦片働き社会から共働き社会に移行していた。社会の構造も、歴史的な背景も文化も違う国にひとつだけ共通点があるとしたら、それは、この三カ国が、九〇年代にそれぞれ別々の方法で、働き方を変える試みを実施していることである。

従来、共働き世帯がふえると、女性が仕事と家庭を両立できるように、保育所を整備したり、育児休業制度を整えたりして、働く女性を支援する施策を導入する国が多い。しかし、これら三カ国は、それらの施策に加えて、男性をも含めた働き方そのものを変えようとした。

前者が家庭と仕事の調和（ファミリー・フレンドリー）施策とよばれるのに対して、後者は仕事と生活の調和（ワーク・ライフ・バランス）施策とよばれる。その導入の目的には共通点があるものの、それが働く女性だけでなく、従業員すべてを対象としているという点では新しい試みである。

イギリスでは、多様な働き方を職場に導入するにあたって、外部の人事コンサルタントを登用した場合には、政府がその費用の一部を助成するといったキャンペーンを実施している。他方、デンマークはフルタイマーの法定労働時間を週三七時間にまで短縮した。また、オランダは週三日や四日という日本の社会では非典型的な（非正規の）働き方とされている働き方を標準として、柔軟な働き方の選択肢をふやしている。

このように、フレックスタイム制度や在宅勤務など、働く時間や場所、さらには週の労働日数などに柔軟性をもたせることで、個人が自分のプライベートな生活と仕事をバランスさせられるように支援する施策は、ワークライフバランス施策と呼ばれ、いま先進国に広がりつつある。

仕事中心の社会から、仕事と生活のバランスのとれた社会へ、その経済政策を変化させてきた社会に身を置いてみると、豊かさとはお金だけによって実感されるものでないことに気がつく。大切なのは、お金（所得）と時間（自由時間）をどうバランスさせるかということであった。

ひるがえって、わたしたちが住む日本という国をみてみると、仕事中心社会のままで、生活とのバランスが取れているとは言いがたい。最近になってますますその傾向が強まってきているようにおもう。それが、日本はお金の価値でみると豊かな国であっても、わたしたちひとりひとりがその豊かさを、生活のなかで実感できない理由なのではないだろうか。

イギリスの取材中に何度も聞かされたのが、イギリスも日本と同じ（労働時間が長い）長時間文化をもつ国であるということ。そのたとえとしてイギリス人がたびたび持ち出したのが、イギリスの労働者は、仕事をしていない間も、上着をいすの背もたれに掛けておくことを忘れないというたとえ。長時間働くことが評価されるので、上司の目を常に意識して働いているイギリスの労働者の姿をユーモラスに描いている。

そのイギリスがいまワークライフバランスを積極的に押し進めているのはなぜなのだろうか。一言でいえば、ひとびとの価値観の変化だという。仕事か家庭かではなく、仕事も家庭もどちらもあって当然と考えるひとたちがふえている。それに加えて、共働き世帯や親の介護の問題をかかえる人が増加して、企業がそれに対応せざるをえなくなったという事情もあるらしい。

## 経済のグローバル化とワークライフバランス社会

いまのべた仕事と生活の調和のとれた働き方は、経済のグローバル化の動きとは対極にあるようにみえる。経済のグローバル化とは、コスト競争の激化を意味し、コスト削減のために、安く会社の都合で柔軟に活用される労働者をふやすというイメージが強い。

しかし、かならずしもそうではない。これも取材のなかで、多くのひとから指摘されたことである。その理由は、グローバル化やそれにともなう規制の緩和によって、以前よりも柔軟に働くことが要求されるようになった結果、逆に個人のニーズにあわせた柔軟な働き方も導入しやすくなってきたからである。

やり方次第では、柔軟に活用される労働者がふえることのメリットを、会社（利益）と労働者（時間）で、ともにわかちあうこともできるのである。

## ワークライフバランスの導入は経済にプラスにはたらく

いいたいことはわかる。しかし、正社員の働き方に多様な選択肢を用意することは、コストの増大につながり、経済のパーフォーマンスを一層悪化させるのではないか。

よく聞かれることである。今回の海外取材ではそこら辺りを中心に、実際にワークライフバランス施策を導入している企業や研究者に話を聞いた。導入による費用対効果はどうなっているのだろうか。結論からいえば、コストはほとんどかからずに、多くの従業員が前よりもしあわせになったというもの。コストを上回る効果があったという。

とはいうものの、これは企業が業績を上げようとおもって導入した施策ではない。労働者のニーズに企業があわせた形で実現されたものだ。結果として、その効果も経営上のメリットよりも、従業員のモラルや職場の雰囲気あるいは従業員満足度といった面によい影響が表れやすい。

そして、何よりも重要なのは、わたしたちひとりひとりの意識改革であるという。たしかに、会社にきて働いている時間だけを労働ととらえれば、労働時間が減る分だけ、生産高も減少する。ワークライフバランス施策とは、会社にとってコスト増につながるものでしかない。これを成り立たせるためには、会社にきて働いている時間だけを労働時間ととらえる発想を変えることが必要になる。

また、個々に事情が違うので、そのひとがやっている仕事にあわせて働き方の調整が必要になる。個人の多様性や違いを許容する企業文化を作っていくことが必要になるのだ。

オランダでは、妻が中間管理職として週四日はたらく共働き夫婦を取材させてもらった。四歳と一歳の幼い子どもがいる。

取材をしてみると、彼女は、週四日の勤務とはいえ、実際にはその四日間に五日分の仕事をしていることがわかった。しかも会社からもらうのは四日分の給与である。会社にとっては悪い話ではない。また、彼女にしてみれば、給与はへるかもしれないが、その分子どもたちと一緒にいる時間がふえる。報酬の一部を時間でもらっていると考えれば、こちらにもメリットがある。

日本では、柔軟な働き方を、管理的な業務をしているひとに適用することはできないといわれてきた。しかし、それは、管理的な仕事は会社にいなければできないと考えているからだ。管理職の仕事のなかにも職種によっては、在宅勤務が可能なものもある。働く場所を拘束することなしに、出された成果を評価するしくみがあれば、勤務日数が短くても管理職として十分やっていけるのではないだろうか。

短時間や週の何日かに集中して働くことのメリットは、それによって、時間効率が上がることである。また、生活にメリハリがつき、個人の生産性だけでなく、会社全体の仕事の効率を高めることにもつながる。加えて、会社は貴重な人材を確保することができるので、どちらにもメリットをもたらす「Ｗｉｎ‐Ｗｉｎ」の関係が成り立つ。

ひるがえって、わたしたちの仕事に対する意識を探ってみると、仕事の場所は会社であり、長く会社にいる社員ほど、会社に忠誠心があり、また会社にとって頼りがいのある社員だと考える傾向がある。ワークライフバランスのとれた働き方を認め、それを社会に広めるということは、この企業文化や社会の仕事中心の価値観を見直し、それを変えるところからはじまるものなのである。

## 政府の政策の重要性

撮影隊が公園で撮影しているあいだ、わたしたちは公園のなかにあるカフェで撮影が終わるのを待っていた。そこで、オランダでは、朝の一〇時になるまで、喫茶店で飲み物を注文できないこと

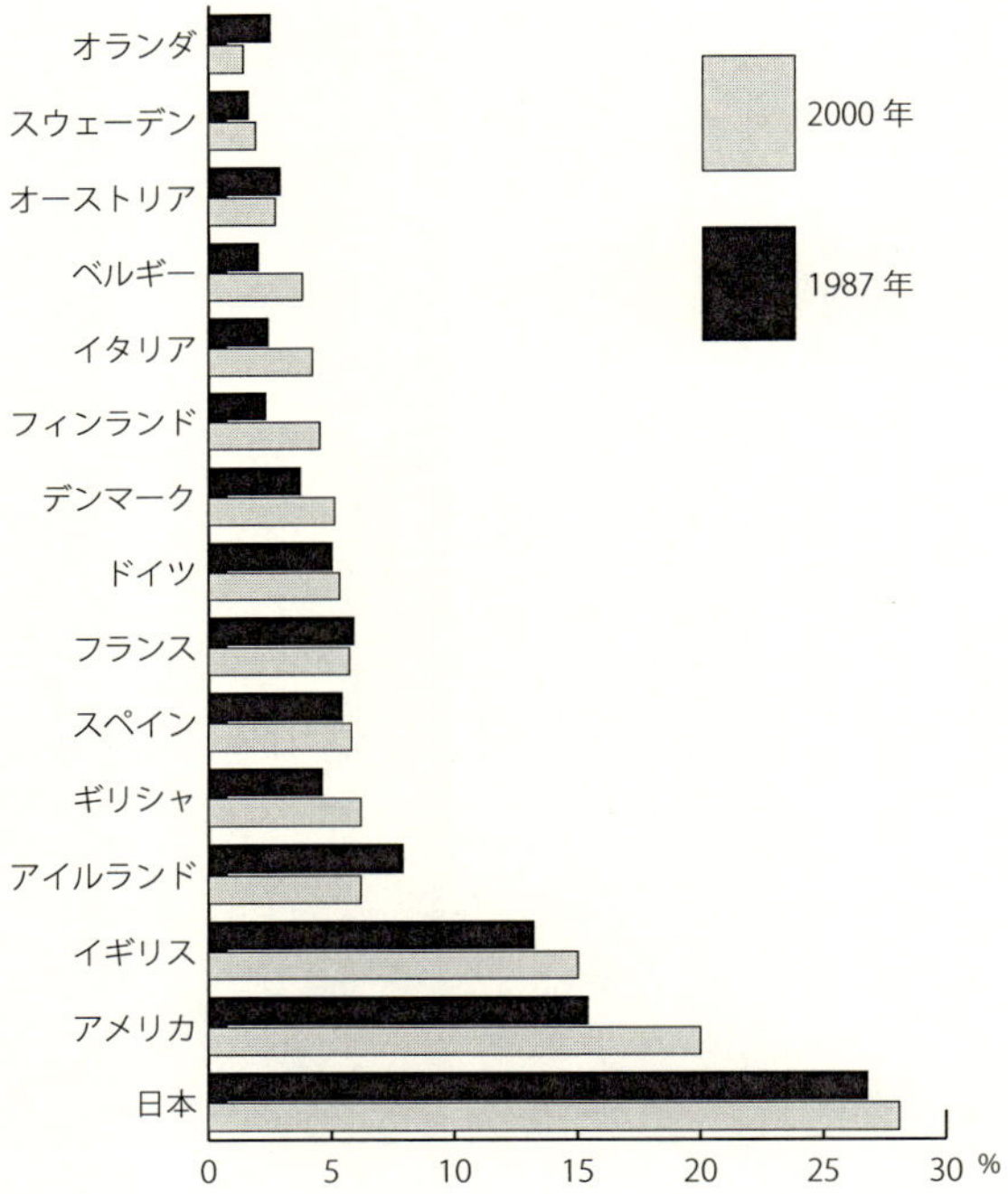


（1）非農業部門労働者。
（2）ここでは「超過勤務」は週 50 時間以上と定義されている（日本とアメリカは 49 時間以上）。
（3）オーストラリア、フィンランド、スウェーデンは 1995 年と 2000 年のデータ。
（4）アメリカは 1979 年と 1998 年のデータ。調査手法の変更のため厳密な比較はできない。
（5）日本は 1993 年と 2000 年のデータ。
出所：Working Time and Workers' preferences in Industrialized Countries（2004）
出典：労働政策研究・研修機構『ワーク・ライフ・バランス一欧米の動向とわが国への示唆』（Business Labor Trend,2006,1,p. 6.）

図表 0-1　欧米諸国と日本の超過勤務時間の動向

を初めて知った。オランダ人は家で家族そろって朝食を食べ、コーヒーを飲んでから出勤するのが普通なので、朝早く家を出て、途中で朝食を食べたり、コーヒーを飲んだりするひとはいないのだそうである。

そのカフェで幼い子どもをつれてコーヒーを飲んでいる若い女性がいたので、話しかけた。彼女はイギリス人。夫の仕事の関係で、この夏からオランダに住んでいるのだそうである。イギリスではジャーナリストだったので、少し落ち着いたら、もういちどジャーナリズムの世界に戻りたいと言っていた。

同じ先進国なのに、なぜイギリスは長時間社会(仕事中心の社会)で、オランダはパートタイム社会(仕事と家庭のバランスがとれた社会)なのだろうか。ロケの最中、ずっと疑問におもっていたことを、それとなく聞いてみた。

その答えは、政府の政策の違いにあるとのことであった。イギリスでは、住宅を購入したり子どもの教育費にお金がかかりすぎる。子どもにいい教育を受けさせたいため、実際にはもう少し時間的にゆとりのある生活がしたいとおもっても夫婦ともにフルタイムではたらくことを選択してしまう。それに対して、オランダでは、大学は国立が中心で、授業料の負担がない(あるいは少ない)うえに、住居にかかる負担もイギリスほどではないので、お金よりも家族とともにすごす時間を選択しやすい社会になっているのだそうである。

つまり、国がどのような優先順位をもって政策を形成し国を運営しているのかということが、わたしたちの働き方にも大きな影響を与えているということなのである。

第1章

# いま日本社会に
# 何がおきているのか

東京郊外のベッドタウン越谷市に招かれ、市民が運営する講演会で話をする機会があった。講演のタイトルは「若者を直撃するデフレ経済—特効薬・治療薬はあるのか」。先方からいただいたタイトルである。

講演の前に、主催者の方から作家、桐野夏生さんのインタビュー記事を送っていただいた。この記事を手がかりに、日本の社会の階層化と若者の状況を、難しい経済の話としてではなく、生身の人間の視点からお話いただきたい。これが講演に際しての先方からの希望であった。

日本の階層化の問題については、わたしも関心を寄せていた。とくに興味深かったのが、プロ野球のストライキと所得格差の拡大を結びつけて議論していた記事である。

巨人の渡邉恒雄オーナーの「たかが選手」発言がきっかけとなって、プロ野球の選手が、ストライキをおこなった。この画期的な事件を庶民が後押しした背後に、「平等日本」「一億総中流」の崩壊があるというのである（「朝日新聞」、二〇〇四年一二月二四日夕刊）。

「たかが」と言われた選手は、その不平等化する社会の中では、好きなことに挑戦して、トップに立った「自己実現」のヒーローたちだ。それが「たかが」なら、もやもやを抱えながらこの社会で苦労する我々は、なんなのか。無意識に選手と自らを入れ替え、そして、反発したと、考えられないか。そうでもしないと、あの、すさまじい反発は理解しがたい。

最近注目されている研究書も、格差の拡大を扱ったものが多い。たとえば、橘木俊詔氏の日本の経済格差の拡大を指摘した本(橘木、一九九八)。学校で、やる気のある子とない子の格差が大きくなりだしたという苅谷剛彦氏(苅谷、二〇〇一)、そして、パラサイトシングルの著者の山田昌弘氏は、未来に希望が持てる若者とそうでない若者との格差が歴然としてきたことを指摘している(山田、二〇〇四)。

能力のある子はよい大学に入り、希望に満ちた人生を送れるが、能力のない子どもは高校ですでにやる気を失い、暗い未来しか予感できない。日本の社会は、能力の有無や親の所得水準が子どもの将来に大きな影響を及ぼす不平等社会になったというのは佐藤俊樹氏である。九〇年代に入って日本は頑張っても仕方がない国になったと論じて、経済学者の橘木俊詔氏とともに第2章でのべる『中流崩壊』論争のきっかけを作った(佐藤、二〇〇〇)。

たしかに日本の社会のなかで、安定した雇用形態で働ける人と、そうでない人のあいだで(雇用形態間の)経済格差が拡大している。不安定雇用はおもに若者のあいだに広がっているので、このままいけば、格差の拡大はより顕在化し、日本の社会は中間層を失い、上流と下流に二極化してしまうかもしれない。

越谷市の講演でわたしは、格差がそれほど顕在化しなかった時代が本当によい時代だったのだろうか、と問いかけた。

職は保障された。しかし、それは家族の犠牲のもとに成り立ったものなのだ。家庭内離婚や家庭内暴力、さらには幼児虐待の問題などの背後に、家庭よりも仕事を優先してきた日本人の生活がみえかくれする。桐野夏生さんの小説『ＯＵＴ』に描かれる主人公たちの家庭の実態は、けっして幸せなものではない。

しかし、それは、経済発展一辺倒に日本の社会がつっぱしり、さまざまなインセンティブを用いて男性（夫）を会社に取り込んだあげくの副産物だとはいえないだろうか。

（講演の主催者から送られてきた）インタビュー記事のなかで、桐野氏は、『ＯＵＴ』を読んだ海外の読者から、日本では、夫はホワイトカラー職についているのに、妻はブルーカラー職についている。このように夫婦のあいだに階層間の格差があるのが不思議だと指摘された、と述べている。たしかにヨーロッパに存在するような階層社会は日本には存在しない。しかし、桐野氏は、こういったことを夫は知らないし、社会も大きな問題としてはこなかった。この点が日本の特徴であると指摘する（「朝日新聞」、二〇〇五年一月四日）。

弁当工場で働くパート主婦たちを主人公にした『ＯＵＴ』が欧米で翻訳されたあと、海外の読者からよせられた質問があります。それは「日本ではなぜ夫がホワイトカラーなのに妻はブルーカラー労働をしているのか」というものでした。

バブル経済が崩壊したあとの九六年に取材して書いた小説です。実際に現場に行ってみると、パート女性の多くは四〇代後半から五〇代でした。深夜〇時から早朝五時半までベルトコンベヤーの前に立ちっぱなしで弁当を作る。休憩時間もなく、トイレに行くのも許可制で、更衣室は男女兼用です。奴隷工場ではないか、と私は思いました。

（中略）

彼女たちは家計補助や小遣い稼ぎのために働いていました。妻たちのこんな過酷な労働実態を夫は知っていただろうか、と私は考えました。「中流」に見える家庭の中に「階層的な分断」があることを夫は、社会は知っていただろうか、と。

夫たちの会社が人件費を削るためにパートを使い、その労働条件を悪化させればさせるほど、妻たちはより最底辺の周縁労働に追い込まれていく。妻が働かずに済む家庭が中流のモデルだったとすれば、これは、中流が分断されたことに伴う新しい悲劇的な構造だとも言える。

さらに、この見過ごされた夫と妻のあいだの階層間格差が、時代が変わったいま、雇用形態間の格差に変わり、フリーター問題として、日本の社会に浮上している。これが社会保障制度においては世代間の負担と給付の格差を生んでいるし、年金制度の空洞化にもつながっている。また、中流階級が中の上と中の下とに分解し、中の下が増え、下流社会へと日本を導く原因にもなっている(1)。

桐野氏は、「この数年間に日本では、二つの新しい貧しさが見えてきた」という。ひとつは、「派遣労働の増加による女性の貧困化」。もうひとつは「若者たちの転落」。「彼ら・彼女らは今、フルタイム労働に就ける機会を極端に制限され、安価なパートタイム労働力として使い捨てられています」。

格差の拡大というと、パートタイマーやフリーターなど正社員ではないひとたちの労働実態に注目が集まる。しかし、正社員として雇われた若者の現状も恵まれているとはいいがたい。正社員が少なくなった結果、雑用を若い社員が一手に引き受けているからだ。しかもなかなか下が入ってこないので、ステップアップして新しいことを学ぶ機会も乏しい。ここにいても先がないんじゃないかと考え、転職する若者がふえている。

一〇年前は入社三年までに、四人に一人の新入社員が離職したという。それがいまでは三人に一人になっている。

つまり、正社員問題(あるいは正社員—とくに若い層—の離職の増加)とフリーター問題というのは、根っこのところではつながっている問題なのである。この点については、第2章でよりくわしくみていきたい。

二〇〇四年、フランスの研究者や研究室の学生たちと一緒に、ハローワークを訪れた一〇五名の失業者にインタビューをした。若者だけを対象としたインタビューではなかったが、それでも多くの若い人たちから話を聞くことができた。以下で紹介するのは、その一部である。あまりにも労働時間が長く、自分が壊れていきそうだったという若者の声を聞いていただきたい。

インタビューした限りの印象では、若者があげる離職理由は大きく分けてふたつあるようにおもえた。ひとつは、職場の人間関係、とくに上司とのコミュニケーションの問題をあげるひとが多かった(多分、双方に問題があるのだろう)。もうひとつは、労働時間の問題である。労働時間の不満は、中高年の求職者からは聞かれなかった。それは、中高年の場合は、倒産などの会社都合で失業した人がほとんどだったからである。

長時間労働に潰されていく若者たち

話を聞かせてくれたのは、大卒のKさん。大学を卒業して、CMを製作する会社に正社員として就職した。一五名ほどの正社員で広告代理店から仕事を請け負っている。そして、一年半後にその会社を辞め、いまはアルバイトなどをして暮らしている。現在求職中。最初の仕事を辞めたのは、「自分が上になったときの目標みたいなものが全然無くて、やっているうちに出てくるかなぁって思ってたんだけど、出てこなかったんで、まーだったら早いうちに見切りをつけた方がいいかなぁって」思って辞めた。

——正社員になっている人が辞めているのは主にどういう理由からだとあなたは思う？

やっぱある程度仕事をやって、それで合うか合わないかっていう……。みんな勢いで入って、そこでやってみて、普通のひとだったら三年くらいで現場に慣れて来た頃に、ちょっと考え始めたみたい。僕は二浪したんで、一年半だったんですが。

三年目で仕事に慣れて、このままここで一生働くのかと考える。そして、現実と理想のギャップに気づくのだと言う。

——そのギャップと言うのは何ですか？　お給料じゃないよねー、お給料、結構いいですしねー。そうすると、やっぱり、やりたいことと違うということ？

そうですねー、やってたことが違うってことと、あと、こういう業界って労働条件っていうか……時間とかもかなり不規則なもんで、アレは本当に物づくりとかが好きな人でないと、多分勤まらない。

——勤務の状況はどうだったんですか？　三ヶ月休み無しとか？

土日も無い。一番きつかったので、四日連続で徹夜で（沈黙）……ま、家に帰れる状態じゃなかった。そうじゃないと仕事が回らなくなっちゃって。だけど若くないと出来ない。上に行けば途中で帰ったりとか、じゃあ後任せたよって感じで、抜けたりとかも出来るんですけど、まあ若いうちは雑用の雑用みたいなもんで……結構それは業界内では当たり前と言うか……普通、みんな、やってる。そういう世界なんで。でも、僕は自分の時間も欲しかった。休みもせめて週一回位、月に四日は欲しかった。まあそういうこともあって、そこまでしてやりたい仕事だったのかっていう。

——辞める人も多かった？

辞める人も多いですね、入れ替え、結構激しいんで。人の流れは結構早いです。

——ただ、この労働条件で二三万っていったら決して高くないよね。

（ハハ）高くないです。残業代とかも全然ないんで、一律で決まってて、まあ普通のサラリーマンの友達とかだと、残業ついて大体これ位はもらっていたんで、なんでもっと貰えてもいいのにと思いつつ。

――体を壊した人もいる？

いますね、僕の友達で一人、体壊して辞めちゃいましたね。

――自分にもその危機はあると思いましたか？

思いますよね、今壊さなくても……このまま行けば、多分早死にするんじゃないかなぁ……と思って(笑)。

――そこに勤めてよかった事って何？

よかったことは、結構、きつかったんですけど、やっぱものが出来上がって、例えばそれをテレビで見たりとか、あとお店のポスターとか見たりとかすると、「これやったんだよなぁー」ってもったり、あと、缶詰状態とかになったりしてたんで、結構その中では仲良くなった人もいて、会社だけじゃなくて、会社の外の人にも会ったりするのが、楽しかったですね。

**同じような例をもう一件紹介しよう。運送業界に勤め、就職一年後に離職した大卒男性の離職理由である。**

――時間外が多かったとおっしゃったけど。

大体月平均一〇〇時間、残業がありました。

――体調を崩したとか、そういうことは？

毎日崩していたという風にいえなくもないんですけど。まあそうですね、やはり体調に不安を感じていたということがありますね。その、このままやっていけるのかってね。辞めた段階で、その何かそういう徴候があったとかいうことではないんですけれども、このままやっていたら体を壊すという判断を致しまして。

――そもそもここに就職決められた理由は?

そうですね、ま、やっぱり、物流という分野に魅力を感じていた事と、あと給料ですね。かなり高賃金だったので。

――他の求人とかと比べて? ちなみに、そこで募集段階で賃金ってどの位ですか?

初任給で、三〇万です。

――そりゃ確かに高い。えっ、三〇万っていったら固定給が?

基本給が三〇万です。

――基本給が三〇万で残業一〇〇時間やったら……実質は……。

実質は、そうですねー、まあ会社に到着して働き出す時間が、大体朝の六時から六時半の間で、会社を出るのが早くて九時、遅いとエンドレスなんです。

――月平均一〇〇時間残業して、月平均大体収入どれくらいだった?

そうですね、雇用保険を申請した段階で大体四〇万という扱いをして頂いていたんで……。

彼はいま、資格をとって新しい職につくべく、勉強中である。

最近は、若者の労働市場に明るい話題も出てきた。しばらく新卒採用を見送っていた企業が正社員の採用をはじめたというニュースである。高校生の求人もふえはじめ、数にすると、一人の求職者に対する求人数は一・一五倍。少子化を背景に、高卒市場も売り手市場に転換しつつあるという。ひさびさの明るいニュースである。

ところが、〇五年一月二九日のジャパン・タイムズには、高卒の求人がふえても離職もふえているので、根本的な問題の解決にはならないという記事が載っている。

なぜか。新卒採用で正社員として入社しても、ほとんどが数年で離職してしまうからだそうだ。高校の進路指導の先生が〇三年に卒業した生徒の追跡調査をしたところ、卒業生一八五名のうち正社員として勤めはじめたのが三四名。しかし〇五年の現在同じ会社に残っているのは一二名で、三分の一強は入社二年目ですでに退職し、フリーターになっているという。

甘やかされて育った世代なので、辛抱して仕事を覚えようという努力をしないのだろうか。進路指導の先生は、労働実態をみると、そうとばかりはいえないと答えている。会社が本気で若い労働者を育てていないことが問題だという。たとえば、レストランチェーンを経営している会社に正社員として雇われた卒業生の場合は、月一三万円というよい条件で採用されたが、一日の労働時間が一七時間におよび、週休二日とはいうものの決められた曜日には休めない。

初めての仕事でこういった経験をすると、働くことに対して前向きに取り組めず、正社員で働くことに対して躊躇してしまうことにもなるらしい。

短大を卒業し、希望のアパレル業界に就職が決まり、夢と希望に満ちて社会人になった女性がいる。その二年後彼女は新しい仕事を探すためにハローワークを訪れている。一体何があったのだろうか。

Aさんは、短大を卒業したあと、洋服やバッグなどを扱うアパレル関連の雑貨店に勤めた。当時、社員二名にアルバイトが一〇名いた。店長の下にいるAさんが、副店長としてアルバイト社員の労務管理から売り上げにいたるまですべての責任を負って、店を切り盛りした。店長はいるにはいたが名ばかりで、実際の仕事は彼女に任せっきりだったという。

ノルマはなかったが、売り上げを下げたくないというプライドはあった。それがプレッシャーとなり、働きすぎにつながったのかもしれない、とは本人の弁。ストレスが引き金になって急性虫垂炎になった。病院にいったときにはかなり深刻な状況で、即入院して手術。この入院をきっかけに、自分が心も体も消耗しきっていたことに気づき、退社。体力が回復したいま、再度仕事を探すためにハローワークを訪れた。

毎日、どんな生活をしているのだろうか。

——あなたの一日について教えて。

朝起きてから夜寝るまでずーと家っていう訳ではなくて、必ず、一、二時間でも外に出るようにはしてます。体を動かすのが好きなんで、家にいると気持ち悪くなってくるんですよ。体も鈍るし、やっぱり次の仕事の時も、体力つけとかないと、またダウンしちゃうかなっていうのもあって、極力外にでるようにはしてます。

――体力には自信のある方だったんですか。

そうですね。入院っていうのが初めてだったんで、ほんとビックリで。ちょっと自分でもまだ信じられない。親も「えっ、何で」って思うぐらい急だったんで。

――そうですか、そうでしょうね。普段から体力に自信のある人が、疲れが溜まっているのに気づかないで急にこうドンって、大きく病気をしたりするとかっていう話を聞きますけど、それをやってしまったと。

すごい無理をしていた部分もあって、親も心配してたんですよ。ちょっと睡眠も短くて、朝もやっぱり早くて……。

――朝は何時くらいに出勤したんですか。

七時半くらい。

――帰りは？

帰りは一一時か一二時だったんですね。

そうですね、もう常に眠いっていう感じだったんで。

――先ほど、やっと休めた期間っていう話がありましたけれど。それで、直ぐ次の仕事を探すっていうのは、なかなか積極的だなという気がするんですけれども。

でも、もう次はちょっと社員は……どうしても責任が重いので、ちょっと大変かなというのがあるので、派遣とかに行こうかなーっておもっているんですけど……。

――そうすると形態としては出来ればパート？

そうですね。

――今度お仕事をする時には何か条件として、勤務先に望むものって言うのはありますか。

時間です。やっぱり時間をどうしてもやっぱりキチンと終らせてもらわないと、前みたいになってしまうので。一番はやっぱり勤務時間ですね。

――それは例えば、パートとかアルバイトとかみたいに、労働時間を短くして欲しいってことではなくって、所定の時間であれば正規と一緒でも構わないっていうことですか。

そうですね、はい。

たまに残業とか、ある程度だったらいいんですけどー、そうしょっちゅう、しょっちゅう帰りが遅いってなると、やっぱりちょっとどうしても……。

――前の時にそれで突然具合が悪くなったので、今不安になってしまっていますか。

そうですね。九時から五時までなら、必ず九時から五時って決められているような所がやっぱり良いですね。そのあとで、もしかしたら一時間くらい作業はあるかとは思うんですけど。ここまででそれ以上遅くならなければ、いいとは思っているんです。

この話が印象に残った理由は、ふたつある。ひとつは、さきに紹介した高校の進路指導の先生のコメントとも重なるのだが、企業のひとの育て方に問題があるのではないかということ。形式的には店長がいるのだが、実質的な店の切り盛りや売り上げの責任は、新人の彼女の肩にかかっていた。

そして、もうひとつの理由は、何よりもここにいまの日本の会社が抱えている労働問題が集約されているように思ったからだ。

## 日本の労働時間法制度の問題点

まず労働時間の問題。なぜ健康を害するまでわたしたちは働かなければいけないのだろうか。EUの労働法制度に詳しい濱口桂一郎氏は、EUと比較して日本の労働時間法制度における問題点として、労働時間の上限を規定する法規制がないことを指摘している(2)。

最も重要でありながら現代日本に全く欠けている制度が一日最低連続一一時間の休息時間である。最低一一時間確保されるということは、一日二四時間のうち、労働時間と休憩時間を合わせた拘束時間は最高でも一三時間に制限されるということを意味する。休憩時間が一時間とすれば、一日の労働時間は最高でも一二時間までということになる。

これは、ここまでなら幾らでも働いていいという趣旨ではない。別に時間外労働を含めても一週間四八時間以内とせよという規定がある。休憩時間を一時間として休息時間以外を全て労働時間に充てれば、一日一二時間×六日＝週七二時間となる。これは、これを超えることは絶対的に許されないという、いわばレッドカードゾーンといえる。そして、日本の労働時間規制において欠落しているのは、まさにこのレッドカードを出すべき最高限度の設定である。日本の労働基準法では、労使協定で定める時間外労働の限度基準が一応定められることになっているが、これはそれを超える時間外労働を禁止するものではない。どこまでいってもイエローカードしか出せない仕組みになっているのである。

序章では、イギリスの長時間労働文化についてふれた。濱口氏によると、そのイギリスですら、この休息期間の絶対的な上限は設定されており、無制限に労働時間が伸びることに歯止めをかけているという。

もうひとつ重要なのは、残業手当の割増率の違いであろう。通常、所定内労働時間を超えて従業員を働かせる場合には、会社は割り増し手当を払わなければならないことになっている。欧米諸国では、この率は五〇％。つまり、通常の時間あたりの給与の五割増の給与が支払われなければならないことになっている。これに対して日本では二五％増と低い割増率になっている。新たに労働者を雇い入れれば訓練費用などの費用もかかる。それを考えると、同じ労働者に長く働いてもらう方が会社にとってとくなしくみになっているのである。

このように低い残業割増率と労働時間の上限規制が欠落した状況のなかでは、とくに新規に労働市場に参入した若者に、そのしわよせがゆきやすい構造になっている。

## 正社員の減少と非正社員の増大

つぎに、正社員二人にアルバイト一〇名という構図である。九〇年代後半から日本の経済は、ア

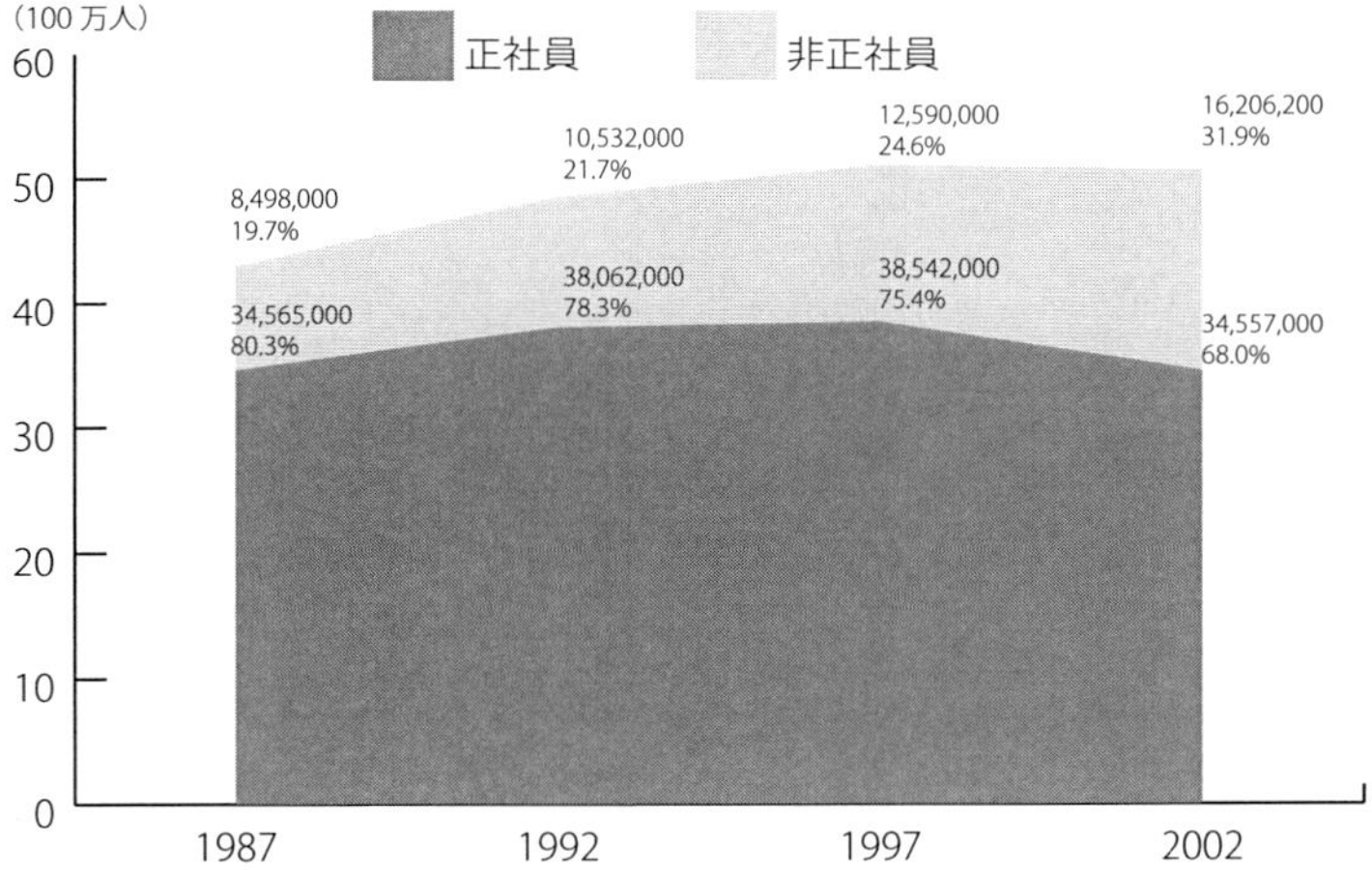


(1)下段は総数に対する割合
(2)役員を除く雇用労働者を総数とする

図表 1-1　正社員・非正社員の割合の推移

ルバイトやパートに大きく依存する経済に移行している。とくに銀行が不良債権処理に本腰を入れはじめた九七年以降になって、この傾向が顕著になっている。

図表1‐1は、総務省の就業構造基本調査から、八七年から〇二年にかけて、正社員比率と非正社員比率の推移をみたものである。八七年には役員を除く雇用就業者の八〇・三％が正社員であった。パート・アルバイト、嘱託などの非正社員は一九・七％。それが〇二年では正社員が六八％、非正社員が三一・九％であり、三割を超える雇用就業者が非正社員になっている。ここでいう非正社員には、パート・アルバイト、嘱託、派遣労働者といった労働者がふくまれている。

とくに興味深いのが九七年と〇二年の変化である。この五年間だけで正社員が約四〇〇万人減少している。そして、非正社員が三六一万人増加している(3)。

同じ数字を女性についてみてみよう。九二年では、約七割が正社員であったが、〇二年では、正社員は五割を切っており、過半数を超える女性が非正社員として働いている。非正社員という働き方が女性にとって、標準的な働き方になってきているのである。

ちなみに、不況期に正社員の数がへるというのも九七年以降の新しい現象である。それまでは、不況期に非正社員の増加が抑えられるという傾向がみられたが、正社員数は増加を続けていた。八七年から九七年にかけて正社員数は約四〇〇万人増加している(厚生労働省「パート労働の課題と対応の方向性」、二〇〇二年七月)。ところが九七年から〇二年には逆に四〇〇万人正社員が減少している。

このことは、非正社員の増減が景気の波に左右されているのではなく、構造的に日本経済が非正社員に大きく依存する経営に変化してきたことを示しているのである。

**採用の変化**

とはいうものの、正社員がすべての年齢層で非正社員に代替されているというわけではない。非正社員がふえているのは、新規採用の対象である若者や就業を一旦中断したあとに再度労働市場に戻る中年層(主に女性)、そして、定年退職後の年齢層においてである。

たとえば、〇二年での、パートやアルバイトの比率の高い年齢層をあげて見ると、男性では、一五~一九歳(三四・二%)、二〇~二四歳(三〇・三%)、六五歳以上(二一・五%)となっている。

他方、女性は一五〜一九歳(七五・四%)、二〇〜二四歳(三四・二%)、四〇〜四九歳(四八・一%)、五〇〜六四歳(四八・一%)となる。括弧内の数字はこの年齢層の労働者のうちのパート・アルバイト比率を示したもので、〇二年の数字である(総務省「就業構造基本調査」、二〇〇二年)。

つまり、現在採用されている正社員をパート労働者によって代替しているわけではなく、新規採用において正社員の抑制がおきているのである。

## 規制緩和の流れ

国内外で、小売業で働く労働者の労働時間が長くなっているのは、開閉時間を規制していた法律が撤廃されたことも大きい。これは、世界的な傾向である。

また、大規模小売店舗法が改正され、大型店が出現するようになるのも九〇年代後半である。この法律は、店舗の大きさなどを規制することで、中小規模の店舗が、大型店の進出によって、仕事を奪われないように、実質的に国内の中小の小売店を守るために存在した。その法律が二〇〇〇年に廃止された。そのために、郊外に駐車場つきの大型店舗がつぎつぎと建ち、駅前の商店街から客足が遠のいてしまったのである。

こういった競争の激化が、小売店の経営に大きな影響を与えている。開閉時間の自由化にともなって、労働時間が長くなる。それを九時〜五時まで働く正社員だけで切り盛りするわけにはいかない。勢い非正社員の採用をふやさざるをえないのである。

いいかえれば、競争の激化とともに、利益を上げるために、いまよりも柔軟に活用できる労働者をふやしたいという会社の要請が強くなってきたのだ。それが非正社員の採用をふやしている。また、臨時労働者や派遣労働者など雇用保障のない短期の雇用がふえているのは世界的な傾向であり、ここには経済のグローバル化がとても大きな影響を与えている(第2章)。

しかし、この増加、なかでもパートやアルバイト労働者の増加は、諸外国以上に日本で顕著である。また、日本では会社に(正社員として)入って、働きながら職業能力を身につけることが一般的であるので、一度フリーターになってしまったら、そこから抜け出すことが難しい。実際、入職時にフリーターだったひとで正社員になっているひとは約三割にすぎないといわれる(「週刊エコノミスト」、五/四・一一合併号、二〇〇四年)。

つまり、このまま日本のしくみが変わらなければ、大きな格差を将来にわたって生み出してしまうことになる。

## 仕事格差の拡大

この正社員の減少と、インタビューの結果を総合してみると、仕事が細分化され、単純作業にパートタイマーやアルバイトがつくようになったことと同時に、企業が正社員の採用を抑制したために、若手の正社員の仕事が以前にくらべてきつくなっているのではないかとおもわれる。これを東京大学の玄田有史氏は、仕事格差の拡大とのべている(玄田、二〇〇二)。

さらに、フリーターの仕事が単純作業にかたよっているといわれる根拠は、いままで熟練の社員がやっていた仕事のうち、単純作業はパートやアルバイトに任せ、責任がともなう管理的な仕事は社員がおこなうというように、仕事が細分化されてきていることがある。

〇一年におこなわれた座談会のなかで、獨協大学の阿部正浩氏はパートの増加の要因について「企業間競争の激化により企業の人事管理や仕事の配分がきめ細かくなっているという面もあります。今まで熟練労働者が一人で担当していた仕事を分業化することによって、未熟練労働者でも作業ができるようになったという例です。これは、ブルーカラー、ホワイトカラーを問わずみられる傾向です」(「労働時報」、二〇〇一年六月号：八頁)と語っている。

## もっと家庭生活を充実させたい

しかし、仕事がきつくなっているのは、新卒採用の若者だけではない。

図表1-2は、〇一年の週六〇時間以上働いている男性の年齢別の分布である。九時五時で週五日働けば週四〇時間の労働になる。六〇時間とは、毎日四時間以上の残業をしているひとである。興味深いのは、この割合が、年齢と逆相関にあることである。年齢が若くなるにしたがって、週六〇時間以上の過重な労働をしているものの割合が高くなる。たとえば、平均的な週の労働時間が六〇時間を超えるものは五〇代では一割であるのに対して、二〇代では三割と三倍に上っている。

また、八〇年代からの変化をみると、九〇年代のはじめにはこの割合(週六〇時間働いているものの割合）が減少していたが、九五年以降増加傾向に転じており、二〇代から三〇代の労働者の割合が増加している。

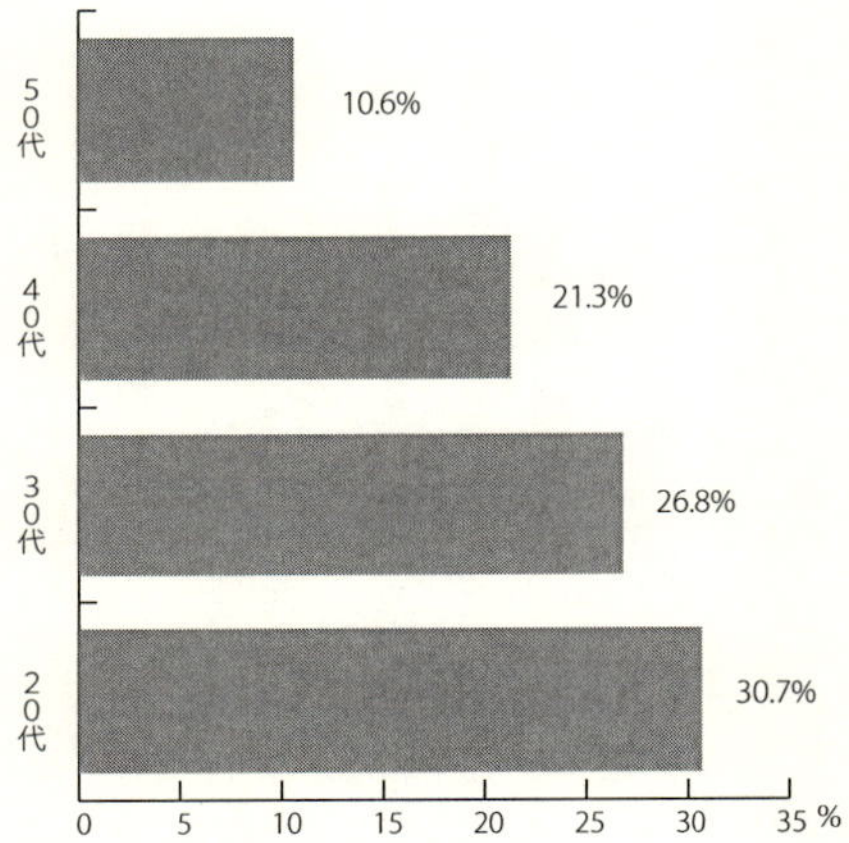


出典：厚生労働省「労働経済白書」平成15年版

図表1-2　年齢別にみた男性の平均的な週労働時間が60時間を超えるものの割合

一年ほど前に、東京近郊の住宅街にある男女共同参画センターで、働き方を見なおすセミナーの講師をしたことがある。そこに参加した若いお母さんは、「正社員の短時間労働」や夫の育児参加なんていう話は雲の上の話だという。実際の夫の生活は、朝七時に家を出て、帰るのが夜一〇時という長時間労働。それからパソコンで上司に報告書を書き、寝るのはいつも真夜中をすぎている。子どもの世話などとても頼める状況ではない。しかも自分は夫の仕事が将来もあるかどうか不安におもっていると話してくれた。

若いお父さんたちが職の保障とともに、労働時間の短縮を求めていることは、地方に講演にいったときにも聞かれた。講演のあとで、県の職員の方がちょっと最近気になっていることがある、といって見せてくれたのが、〇三年におこなわれた県民の意識調査である。

その質問項目のひとつに、家庭生活と社会生活のバランスについて聞いたものがある。その回答のなかで、「社会生活にかたよっているので家庭生活をもっと充実させたい」と答えた男性の割合が、三〇代で突出して高くなっていた。三〇代の男性では、約半数がそう答えているのに対して、四〇代では三五％、五〇代では一五・八％と低くなっている。

同様に、川崎市が実施した調査でも、三〇～四四歳の男性の労働時間がとくに長く、子どもをもつお父さんの約七割がもっと家族とすごす時間をふやしたいと考えている（「川崎市生活時間実態調査報告」、二〇〇三年）。

最後に、〇四年に労働者約五二〇〇人を対象に労働調査協議会がおこなった調査の結果を紹介しよう。仕事がある日の生活時間は、民間企業の男性は、通勤一時間三四分、勤務時間は一一時間一六分、睡眠時間六時間三七分。民間企業の女性も勤務時間は一〇時間三分にものぼる。「以前とくらべて疲れやすい」と答えた人は全体の七割を占め、「イライラする」と答えたひとは八割にもなっている。七割近くが「仕事や人間関係にストレス」を感じ、今の生活が続くと、過半数が「生活習慣病になる」と答えている。

多くのひとたちが、もっとバランスのとれた生活をしたいと望んでいる。働かされすぎだと感じている。そして、若者たちは、体を壊す寸前に追い込まれている。これが失業者のインタビューや講演などで聞けた日本社会の労働者の実態である。

注

(1)ここでいうフリーターとは、フリーアルバイターの略で、学生と主婦を除く一五〜三四歳の若者のうち、パート・アルバイト、契約社員、派遣社員といった正社員以外の働き方をしている人と働く意志のある無職の人を指す。

(2)社会政策学会第一一〇回大会共通論題での報告論文(二〇〇五年五月二九日)より引用。

(3)非正社員の内訳をみてみると、パート(四八・三)、アルバイト(二六・一)、契約社員(一五・三)、派遣社員(四・四)、その他(五・八)(括弧内は構成比)となっており、非正社員の四分の三はパートやアルバイト労働者で占められている。また、九二年の構成比と比較をしてみると、パートが減少し、契約社員や派遣社員の比率が増加している。たとえば、契約社員の構成比は九二年の八・四%から〇二年には一五・三%に増加している。また、派遣社員も一・五%から四・四%へと比重が高まっており、その比率は低いものの伸びが大きい。九〇年代の後半になって、雇用形態がより多様化してきていることがわかる。

第2章

# 雇用神話の崩壊

最近は、フリーターの増加とともに、格差拡大の議論が再度熱くなってきている。正社員と非正社員とのあいだの格差は目にみえやすい格差であるが、第1章で紹介した格差拡大の論議は、少し色合いの違う議論だった。

それは、戦後の日本社会の特徴といわれた「中流社会」が崩壊したのか否かという議論であった。ヨーロッパには階級による差が大きく残っている(とはいえこの傾向は近年衰えつつある)。これに対して日本では、九割の国民は自分が中流階級に属していると考えている。つまり自分の出身所得階層にかかわらず、努力すればえらくなれる国であると言う意味で、「平等社会」だと言われてきた。

この平等社会が九〇年代に入って崩壊したのではないか、という議論がおこり、それがひとびとの生活実感に近いものであったことから、社会に受け入れられたのである。

事実、わたしもこれらの書物を読み、そうだったのか、と納得した読者のひとりであった。ところが、その後、さまざまな反論が登場した。それらについては、ここでは詳しく触れないが、中公新書ラクレから出版されている『論争・中流崩壊』のなかで、この間の議論が再録されているので、興味ある読者には一読をお勧めする。

## 格差は本当に拡大したのか

さてこの中流崩壊の議論であるが、正社員と非正社員の格差の拡大が深刻な問題になってきたことから、いつのまにか、正社員と非正社員の格差拡大の議論にすりかわり、日本が階層社会になったという議論に集約されつつある。

しかし、論争がはじまった当初は、正社員のあいだで、昔に比べて今の方が、同じ年齢階層間で所得格差が拡大しているのかどうかの議論だった。格差が拡大しているという見解に対して、一見所得格差が拡大しているように見えるのは、人口の高齢化がそこに反映されているからで、同じ年齢層で厳密に比較してみると、昔と今で所得格差は拡大していないという実証結果が出されたのである(大竹、二〇〇五)。

これを受けて、連合総合生活開発研究所が「所得分配・格差研究委員会」を作り、実際に所得格差が拡大しているのかどうかについての研究会を組織し、実証研究をおこなったのである(宮島・連合総合生活開発研究所、二〇〇二)。

わたしもそこに参加させてもらった。得られた結論は、格差は八〇年代や九〇年代でとくに拡大したわけではない。また、日本が他の欧米社会と比べてとくに平等だというわけではない、ということであった。研究会で出された論文のおもな結論を列挙してみるとつぎのようになる。

日本はスウェーデンよりは不平等度が高いが、英米よりは平等である。これからすれば、日本の所得の分配状況は、極端な平等社会でもなければ不平等社会でもない。先進国の中で普通である(松浦、二〇〇二)。

多くの階層内部で格差の拡大傾向はみられず、むしろ「賃金の画一化現象」とでも呼ぶべき格差の縮小傾向が生じていることである。特に若者の場合、性別や学歴を問わず、格差は縮小しており、格差拡大の是認とは反対方向に実態は進んでいる。一九八五〜二〇〇〇年にかけて一貫した格差拡大傾向がみられるのは、四〇歳代の大学卒の男性層だけなのである(玄田・篠崎、二〇〇二)。

どの階級に生まれ落ちたかによって、どのような階級に到達できるかという移動・継承チャンスが異なり、出身階級間格差は顕著に縮小あるいは拡大することなく、戦後四〇年間、存在し続けている。この趨勢は、一九八〇年代後半から九〇年代にかけて格差が拡大しているという主張とも異なる。さらに国際比較の分析からは、戦後日本社会に確認された出身階級間に存在する移動・継承チャンスに関する格差のパターンは、他の産業諸国ときわめて似通ったものであることも明らかになった(石田、二〇〇二)。

これらを総合すると、日本は極端に平等社会でも不平等社会でもない。先進国と比べても普通であり、賃金の格差がとくに拡大しているわけでもない。唯一格差の拡大がみられるのが中高年の大卒の男性である。そして、日本は、戦後四〇年変わらず、出身階層が子どもの将来の職業や社会的地位などに影響を与える国であった、ということになる。

にもかかわらず、「中流崩壊」という物語にひとびとが惹きつけられるのはなぜなのだろうか。

東京大学の盛山和夫氏はその理由を、「バブル崩壊以降のリストラ、大企業の倒産、中高年の失業という社会不安をかりたてる時代状況があったからだ」とみる。

はっきり言って、今あらためて「競争化」や「市場化」が導入されようとしている対象は、これまで年功序列と終身雇用で大切に保護されてきた大卒男子サラリーマンなのであって、高卒の人々や女性の多くは、ずっと昔から競争化されていたのである。「中流崩壊」の実態は、たかだか大卒男子サラリーマンに競争原理が導入されるという話だと言うことができよう（盛山、二〇〇〇）。

日本は極端に平等社会だったわけではない。いや他の先進国とそれほど変わらない「階級社会」だったというのは、受験や身近な事例からも散見できる。たとえば、都立高校が学校群制度に変わったのは一九六七年である。その後、東京では急速に都立離れがおきて、私立の人気が高まる。また、受験の低年齢化が進展し、子どもの「お受験」に親が奔走するようになる。

桐野夏生さんの小説『グロテスク』は、大手企業で働く総合職の女性が夜は娼婦としての顔をもち、やがては殺されるまでを描いた小説であるが、この小説の舞台になるのが、私立の有名高校である。この高校では親の職業によって、学校でメジャーになれるかどうかが決まる。もちろん、このような有名校に子どもを通わせることができるのは、ほんのひと握りにすぎない。しかし、ここに存在するのはまぎれもない階級社会であり、それが有名私立校を舞台にした小説のなかで描かれている。

さらに、教育社会学者の苅谷剛彦氏は、七〇年代はじめからすでに東京大学の入学者の親の職業は、ホワイトカラー（上層ノンマニュアル）職に占められていたことを指摘している（苅谷、一九九五）。

このような現実の社会や小説で描かれる日本社会、さらには研究者の指摘などを重ねてみると、特段九〇年代になって日本の社会ががんばっても仕方がない社会になったのではなく、すでに日本は階級社会だったといえるのではないだろうか。

### 格差はなぜ封印されたのか

もし、日本が四〇年間変わらずに階級社会であったとするならば、なぜ格差は封印されていたのだろうか。

それは、日本の社会システムが中間層に厚い社会制度を作ってきたからではないのか、というのがわたしの見解である。

高い成長力に支えられて作られた日本の社会システム全体が、わたしたちに暮らしの安心を提供し、さまざまなリスクから守ってくれていた。その中核にあったのが、日本の終身雇用制度と年功型の賃金制度であった。雇用が安定しているだけでなく、給与も勤務年数とともに上昇し、入社後の昇進のスピードに個人差が少ない。そして、「多くの従業員が、企業内で昇進して、より高い収入が得られる地位に着くことができた」（山田、二〇〇四）。

この暮らしの安心を生み出してきた、聖域といえる場所にメスが入った。つまり、大手企業で働く男性社員がリストラにあい、四〇歳代の大学卒の男性層で所得格差が拡大した。盛山氏がいうように、それが、平等神話を崩壊させ、中流崩壊という物語を語らせた真犯人なのかもしれない。しかし、全体でみたときにそれは、日本の社会を不平等化の方向に向かわせるほど大きな影響はもたなかった。その結果、同じ時期に、経済格差の拡大は観察されなかったのである。

## 階層化を内包した日本の社会システム

日本は平等社会だといわれてきた。わたしたちはみな、自分は中流階級に属しているとおもっている。しかし、日本の社会制度をみると、もともと階層社会を作りやすいしくみを内包していることがわかる。それが、雇用形態間にみられる格差である。

日本社会で格差が拡大しているように肌で感じられるのだが、実際のデータではそれが確認できないことはすでにのべた。八〇年代から所得格差の拡大は観測できるが、それは人口の高齢化の影響が大きく、その影響を取り除くと、同じ年齢層の個人間で最近になって所得格差が拡大しているという結果はみられない。

しかしこれらの検証に使われたデータは、正社員のみで非正社員やフリーターといったひとは含まれていなかった。

九〇年代になって所得格差が拡大していることは実証できないと、最初に指摘したのは、エコノミストの大竹文雄氏であるが、大竹氏も、唯一格差の拡大が検証されるのは正社員とパートタイマ

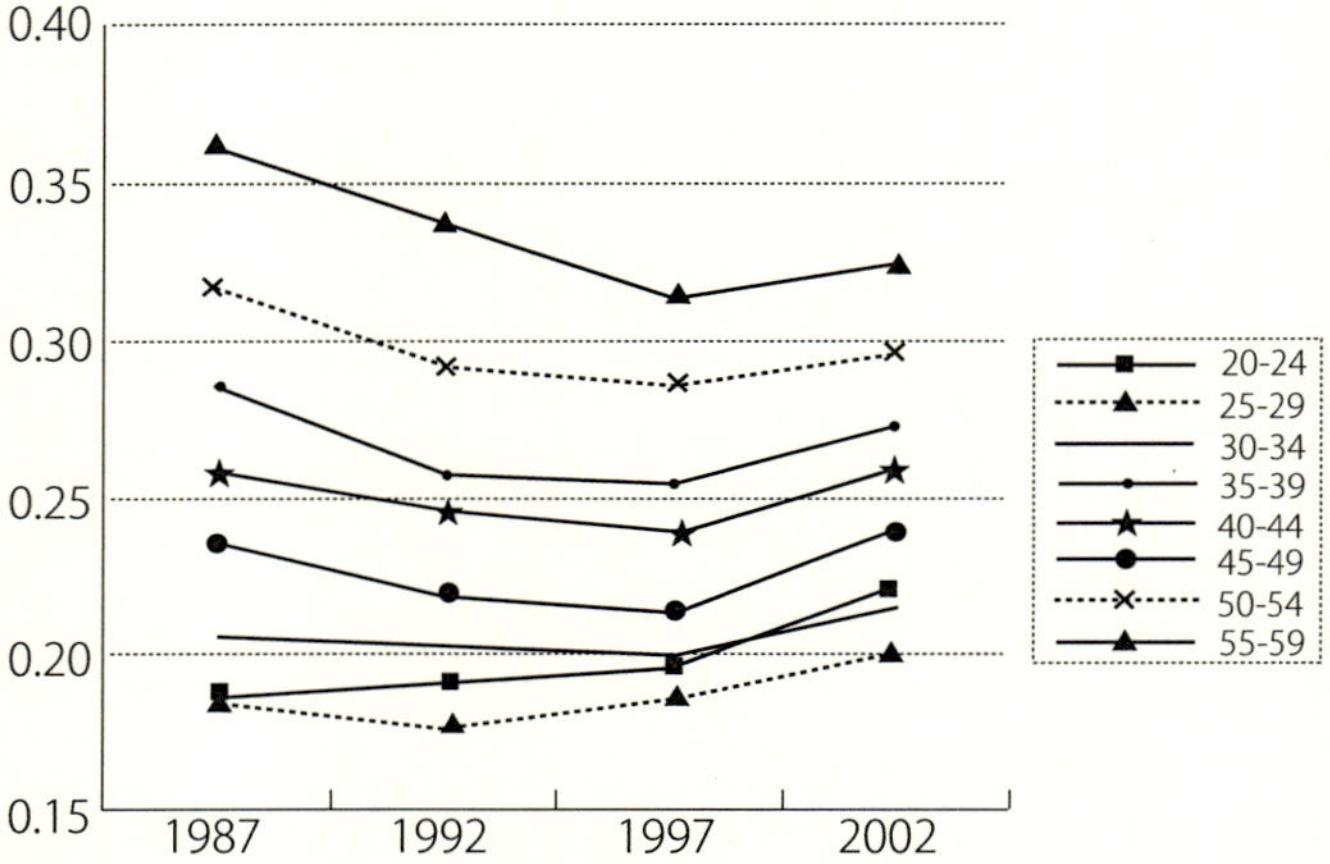


出典：太田清「社会格差」(「宣伝会議：人間会議」冬号、2005 年：100 頁)

図表 2-1　非正規雇用を含む所得格差(「就業構造基本調査」)

ーとのあいだの賃金格差であるとのべている（大竹、二〇〇五）。

図表２－１は、非正規雇用者をふくむ年齢別のデータで所得格差を示すジニ係数の推移を八七年から〇二年にかけてみたものである。これをみると、九七年から〇二年にかけて、若い年齢層で、この係数が上がっていることがわかる。ちなみに、図表で示しているジニ係数は数値が高いほど不平等度も大きい（太田、二〇〇五）。

また、階層間の固定化も進んでいる。階層を五段階に分けて、入れ替わりがあるかをみたところ、他の階層に移っているひとの割合が減少している（太田、二〇〇五：一〇〇頁）。

社会の不平等化が非正規労働者の増加によっておきているのである。

日本の正社員に雇用の保障があり、家族に暮らしの安心があったのは、非正規社員が雇用調整弁としての役割を果たしてくれていたことも大きい。日本では、景気が悪くなるとまっさきに首を切られるのが非正社員である。かれらは、単純な作業に従事しており、低賃金で、賃金の上昇もない。しかし、多くの非正社員は他に収入を得る道があったり、主たる稼ぎ手（夫）の庇護のもとに生活をしていたので、生活に困ることはなかった。いいかえれば、正社員＝ホワイトカラーの夫と非正社員＝ブルーカラーの妻が同じ屋根の下で暮らしており、生計を共にしていたので、階層間格差が隠されていたのである。

ところがいまは、同じ屋根の下で暮らしている親と子どものあいだに階層間格差がみられるようになった。この子ども世代が、九〇年代にパラサイトシングルとよばれた若者たちである。親の援助は受けているかもしれないが、生計を共にしているわけではないので、階層間格差が見えやすくなり、顕在化した。

ところが相変わらず、正社員が夫（世帯主）で、非正社員が正社員に扶養される妻という前提が問い直されずに、労働法制においては、正社員の雇用保障は厳格に定められているのに対して、非正社員については、契約期間が満了になれば、雇用契約が解消できるしくみが維持されている。

また、最近の変化をみると、九九年には、労働者派遣法の改正がおこなわれ、派遣労働者の活用が原則自由化され、派遣労働者を雇い易い環境が整えられるようになる一方、〇四年には労働基準法が改正され、「客観的に合理的な理由を欠き、社会通念上相当であると認められない場合は、その権利を濫用したものとして、無効とする」という一八条二項が加わった。経済の変動を非正規労働者の雇用の調整で吸収するしくみがさらに強化されているのである。

とはいうものの、正社員の労働市場が変化に対して柔軟に対応してこなかったわけではない。八〇年代までは、正社員にも出向という方法で雇用を確保し、ボーナスの調整という形で賃金の伸縮性をもたせていた。ところが九〇年代になると、労働市場におきたショックが賃金調整や内部調整では吸収できないほど大規模なものになってくる(駿河、二〇〇二)。また、出向を受け入れてきた中小企業の業績が悪化していることや、グループ企業や系列企業にあった長期的な取引が弱まっていることなどから、九五年以降になると、大手企業で出向件数が際立って減ってくる(玄田、二〇〇二)。

このように、八〇年代の後半から九〇年代にかけて、日本の内部労働市場が備えていた外部ショックを吸収する機能が低下した結果、その機能を外部の労働力による調整に頼らざるをえなくなった。それが、非正社員の増加を促進する要因になっている。

さらに、それを補完する形で、税制度や社会保険制度においても、その適用に雇用形態間で差があり、以下の条件を満たすパートタイマーや臨時労働者は、(制度の適用から)除外されている。

①一日の所定労働時間かつ一ヶ月の勤務日数が一般社員のおおむね四分の三に満たない労働者
②サラリーマンの妻で年収が一三〇万円未満の者
③日々雇い入れられる者
④二ヶ月以内の期間を定めて使われている者
⑤四ヶ月以内の季節的業務に使用される者

つまり、社会制度のなかに、雇用保障の程度や社会保険の適用において、雇用形態間で差がつくしくみが作られているのである。

すでにのべたように、非正社員は景気調整の安全弁として活用され、景気の波によってその数が変動している。それと同時に、八〇年代から今まで労働力に占める非正社員の割合は恒常的に上昇している。

このことは、非正社員の増加が働く側(供給側)の変化によっておきたのではなく経済の構造変化によってもたらされたことを示している。それが、フリーター現象を生み出しただけでなく、企業が中高年労働者のリストラにも及んだ理由である。

## 中高年のリストラはなぜおきたのか

岩井克人氏は、著書『会社はこれからどうなるのか』のなかで、中高年労働者がリストラされた背後に、(1)経済のグローバル化、(2)IT革命、(3)金融革命、といった三つの構造的要因があるとのべている(岩井、二〇〇三)。

(1)経済のグローバル化

経済のグローバル化とは、「国と国、地域と地域、都市と都市のあいだで、モノやサービスが自由に動くようになること」である(岩井、二〇〇三)。

九〇年代になってから、WTO(世界貿易機関)が主導した数次にわたる多国間の交渉によって、各国の関税率が大幅に下がり、世界中で生産されたものが、世界中で売り買いされるようになった。世界がひとつの市場になるとともに、コスト競争が激化する。生産者にとっては、世界のどこで自社の製品の需要がふえるのか、その需要はいつまで続くのか、予想がつきにくくなってきたのである。それが先進国の雇用のあり方を変え、より柔軟に活用できる労働需要をふやすことになった。

日本には国際競争力をつけた優良企業もあるが、多くの企業は国内市場向けに生産し、日本の消費者に対してモノを売ってきた。また、国内の企業を外の競争から守るための政策も取られてきたので、日本は世界一物価や賃金の高い国になってしまったのである。

その日本が九〇年代には海外の企業が上陸し、価格競争に巻き込まれた。第1章でものべたように、流通産業にも大きな変化が訪れる。

こういった経済のグローバル化の影響によって企業は、非正規労働者の活用をふやすだけではなくて、場合によっては、正社員のリストラ(解雇)にも手をつけざるをえなくなるのである。

### (2)IT革命

ITとは、パソコンやインターネットに代表される「情報技術」のことを指す。

IT革命による情報ネットワークの発達は、会社組織の情報ネットワークのあり方を大きく変えてしまったといわれる。組織の上と下とを直接情報ネットワークで結ぶことによって、この両者のあいだに存在して情報の伝達をしてきた中間管理職の有用性を減らしてしまったのである。これが中間管理職のリストラにつながった。

### (3)金融革命

ここでいう金融革命とは、「だれもが自分の必要に応じて、低い利子率で資金を自由に調達できるようになった」ことをいう（岩井、二〇〇三：二七頁）。つまり、会社を運営するのに必要な資金を銀行から借りなくても、金融市場で債権やコマーシャルペーパーなどを発行したり、あるいは、株式を増資したり、新たに株式市場に上場することで、資金調達をすることができるようになったのである。

これが企業の経営を大きく変えた。それ以前の日本の企業は、短期にどれだけ利益が上がっているかということよりも、市場でどれだけシェアを確保しているか（会社の成長）を重視した経営をおこなってきた。

短期的な利益を上げなくてもよかったのは、メインバンクとのあいだに良い関係が出来ていれば、資金調達の心配はなかったからである。しかし、金融革命がおこり、市場での資金調達が容易になるのと同時に、銀行経営も大きく変わった。

国際業務に携わるためには、自己資本比率を国際基準なみに高めなければならない。そこで、取引先の企業とのあいだで互いに持ち合ってきた株式を放出しなければならなくなったからである。これが持ち株の解消につながった。

日本の企業は九〇年代になって「高収益経営」に経営方針を転換しはじめるのである。

二〇〇〇年に発表された日経連労働問題研究委員会のリポートでは、以下のような記述がある。

企業の競争力を強化するために、高コスト構造を是正しなければならない。経営コストのなかで最も比重の高いのは企業の人件費負担である。雇用を確保するためには、雇用と賃金の積であるこの総額人件費を引き下げざるをえないことを、労使は客観的に認識すべきである（日経連労働問題研究委員会「労働問題研究委員会報告」、二〇〇〇年一月一二日）。

バブルの崩壊、金融革命による企業の「高コスト体質」からの脱皮、コストを削減しなければならないプレッシャーが高まるなかで、職場の高齢化が進んでいる。四七年から四九年までのあいだに生まれた団塊の世代が、九五年には、四六歳から四八歳になっている。賃金カーブをみると、ちょうどカーブの傾きが急勾配になる年齢層である。これも利益を圧迫した。

事実、賃金カーブは年代が若くなるにしたがって、その傾きを緩めているのである（図表2－2）。このような経済の構造変化を背景に、中高年労働者のリストラはおきた。しかし、その規模はどの程度だったのだろうか。

玄田有史氏によると、「希望退職の募集・解雇」といったリストラによる雇用調整を実施した企業は九八年から二〇〇〇年で一七・七％にのぼるという（九二年から九四年では一一・七％）。大企業で、およそ四社に一社がリストラを実施している。一社あたりの平均希望退職・解雇者数は、大企業で一九一・九人（二〇〇〇年の数字）。九四年と比較すると六一・六人増加している。

産業別では、建設業、金融・保険業で増加が大きい。九四年と二〇〇〇年とで比較すると、リストラによる人員削減は、建設業では、一社あたり平均一〇・二人から二九・五人に増加。また、金融・

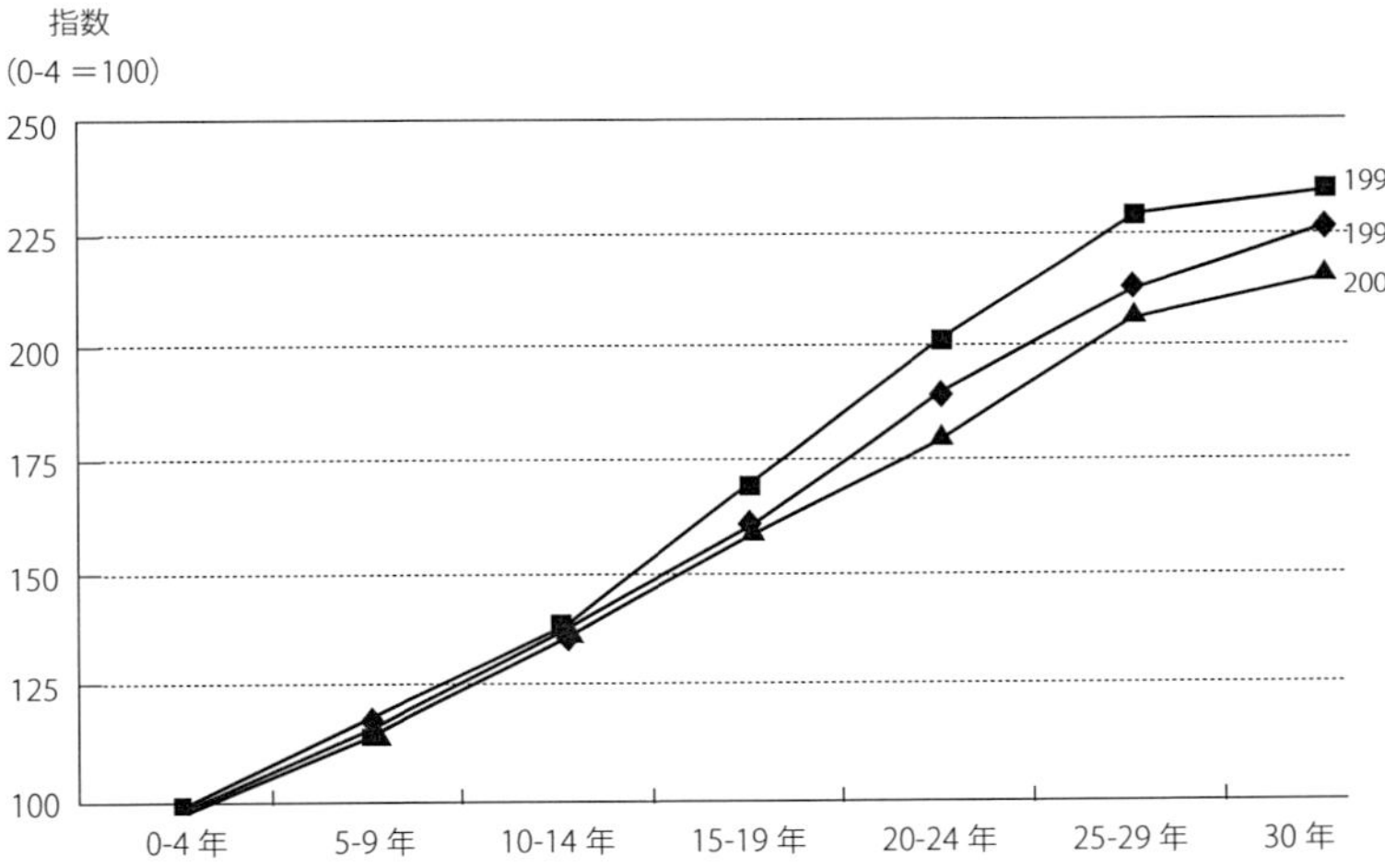


出典：玄田有史他「賃金格差と仕事格差」宮島 洋・連合総合生活開発研究所『日本の所得分配と格差』(東洋経済新報社、2002 年)

図表 2-2　大卒男性の賃金プロフィールの変化

保険業では五・九人から七〇・九人に拡大している。

　これまで雇用が比較的保障されていると考えられてきた大企業や金融業、そして日本の雇用を根底から支えてきた建設業で、リストラによる雇用機会の喪失が現実のものとなっているのである（玄田他、二〇〇二：二八頁）。

　こういった時代の変化のまっただ中で、不幸にも企業が倒産し、失業を余儀なくされたひとは、どのようにこの経験を受け止め、生活をしているのだろうか。

### 失業者のインタビュー

　Aさんは五五歳。大卒で、妻と二人の息子がいる。長男は医学部を目指して浪人中。次男は高校二年生である。

大卒後、中堅どころの商社に入社。ところが七〇年代のなかばに会社が倒産し、吸収合併されたのを機にアメリカに渡り、アメリカの食品会社に就職した。アメリカには自分で経営した会社も含めて一五～六年滞在した。

永住権がとれなかったので帰国して日本で友人と会社を起こしたが、うまくいかず会社を精算。食品卸の会社に部長として勤務したが、その親会社が民事再生法の適用を受け、〇二年一月に会社を精算したために退職し、二月から失業給付を受給している。

前職では一〇〇〇万円ほどの給与をもらっていた。離職して七ヶ月になる。現在は失業給付を四〇万円ほど受け取り、時折、親からの援助もあり、生活をしている。

この間、職業訓練コース「マネジメント情報システム」を受講した。前職の年収なみの収入を得るにはIT関連しかないと思ったのが、職業訓練受講の動機である。

それでは、職業訓練は求職活動に役に立ったのだろうか。

――職業訓練校に通ってみてどうでしたか。

職業訓練校のコースは、あれだけでは仕事に結びつかない。なぜなら、基本だけで実務がないから。同期一八人で就職が決まったのは五人で若い人ばかり。五〇代の五人は全滅した。IT関連で、Webディレクターもいいかなと思うが、訓練コースだけでは不足なので、もっと勉強しないと無理。

民間の学校に通えば一年という時間と一七〇～一八〇万のコストがかかる。家族のある身では考えてしまう。そんな悠長なことはやっていられない。職業訓練コースの内容は深さがなくて不十分だったが、民間コースに大金を支払うリスクは避けることが出来たことはよかったかもしれない。また、ＩＴ業界の人たちが既に大変な状況にあることがわかって、これでやっていくのも大変だということもわかったのもよかったとおもっている。

――仕事探しの条件は？

どんな仕事をしようが稼がないと面白くない。この仕事だったら安くてもいいというようなことをいう人もいるが、自分はそういう人間ではない。自分は、あれなら稼げると思って方向が定まればそれに向かって頑張れるタイプであるとおもっている。

## やり直しのできる社会へ

Ａさんの話のなかで感じたのが、これからの日本に必要なのは、やり直しのできる社会なのだということ。Ａさんの言葉を借りると、「負けたやつがどうやって勝つか」。そのチャンスが日本にはあまりにも少なすぎる。とくに年齢が四五歳をすぎると、「どんなにがんばっても上に行けない社会」だという。

なぜなんだろうか。Ａさんの言葉を借りると「日本の社会は『デッカイ会社にいたかどうか』が大事な社会」「日本はデッカイ会社を辞めると後は下へ行くだけ」、他方「アメリカは下から上か、あるいは横への移動」がほとんど。

何でもかんでもアメリカがいいというわけではないが、リストラされた中高年の男性がいま、「努力してもしかたがない社会になった」と呟いている。

――いまの心境は。

よくみんなが「トンネルの中にいるようだ」というが、バカじゃないか、とんでもない。トンネルには必ず出口がある。先に進んでいけばいい。今いるのは富士山の樹海の中。どちらに行けば出られるのかわからない。

自分に何が出来るのか、書いていっても何もない。自分は今仕事がないから出来ることが何もない。その「何もない」のが不安。

**こういった状況を家族はどう受け止めているのだろうか。**

――ご家族はいまの状況については?

(子どもたちは自分に仕事がないということを)知ってますよ。困った親父だなと思ってますよ。でもしぶといから何とかしてくれるだろうと思ってるんじゃないですか。

**妻は、英語の塾で教えているので、終わるのが遅い。でも食事の支度を手伝ったりはしない。**

――どうして?

やったら僕の方が上手いから(妻に悪い)(笑)。

両親は「養老院」(おそらく、高齢者向けのマンションの意味)に入っている。時折訪ねる。

——親孝行なんですね。

だって、ほら、お金もらいに行きますから。そうでなきゃ、こんなのんびりやってられないですよ。お袋は「普通の子どもは親に頑張って生きてねっていうのにお前は逆だ」とかいってますけど、「これだけ心配かけてるから長生きするんだよ」っていってる(笑)。僕は恵まれてる方だから(親に)こんな冗談言っていられますけど、ホントに(生活に)困っている人もいる。

パラサイトシングルならぬパラサイトダブルになっている。

データをみてみよう。〇一年。各銀行の不良債権処理が進み、これに関連して失業したひとの数は、政府の推計では概ね一〇〜二〇万人程度。民間のシンクタンクの推計では、五〇万人(ドイツ証券、日本総合研究所など)〜一三〇万人(ニッセイ基礎研究所)にものぼる。

失業率が過去最高を更新し続けるなか、求人倍率を年齢別にみてみると、〇一年七月時点で、三五〜四四歳では〇・九二であるのに対して四五〜五四歳では〇・三七と低くなっている。この数字は一に近ければ、求職者と求人数のバランスがとれていることを表し、一より小さければ、求職者に対して求人が少なく、求職者にとって厳しい状況であることを示している。

リストラによって離職した中高年の男性のその後を分析した玄田・篠崎論文によると、一般に、リストラ中高年のおよそ二割は、転職によって三割以上の賃金下落を経験しているという。とくに会社都合で転職した場合に、この下落は大きい。転職によって職種が変わり、企業規模が下降するからである。

そして、九八年から二〇〇〇年にかけては、リストラ中高年が、この三割以上の賃金下落を経験する確率が上昇している。なかでも専門・技術・管理職といったいわゆるホワイトカラーである中高年がリストラされたときの転職環境の深刻化は著しいのである(玄田他、二〇〇二：四〇頁)

すでにのべたように、長い不況による需要の停滞や不良債権問題や金融ビッグバン、IT不況による企業の業績の悪化に加えて、情報ネットワークの職場への導入が進み、中間管理職の必要性が減少している。

Aさんの場合、先の見通しはない。退職した友人達が食品関連の有限会社をやっているので、そこを手伝う約束をしている。お金にはならないが手伝うのは「自分のモティベーションが下がってしまうのが怖いから」。

定年退職の心配がないのはメリットだが、あくまでも友人としての協力の範囲にとどめ、今後は、その会社を手伝いながら、次の仕事を考えていく。当面は食品関連で求職活動をする予定。ただ、自分が関わってきた食品関連の仕事は製造の海外移転などで衰退している。

東京人材銀行にも登録して月に二回ほど行っているが、問い合わせに対しても、返事の来ないいい加減な会社が沢山ある。

## 建設業の場合

「建設業でずっとやってきた人は他業種に移るのはとても難しい。例えば、営業職でも建設の場合は必要な知識も仕事の進め方もやや特殊で、他業種につぶしがきかない。中高年となるとなおさらです。『改革には痛みが伴う』というなら、まず議員数を半分に減らして政治家に実際の痛みを体験してもらいたい」(「週刊朝日」、二〇〇二年八月三日号)。

これは、週刊朝日に掲載された「ゼネコン・建設失業者に「受け皿」なし」という記事で紹介されている元「藤和」の社員の言葉である。「藤和」は、二〇〇〇年五月に一〇二億七四〇〇万円の負債を抱えて倒産した中堅の建設会社だ。

「四〇歳を過ぎた人は受入先がなくて非常に厳しかった。いろんなつてを使って何とか就職できましたが、下請けや出入りの関係者はもっと大変だった。何社かは自主廃業したと聞いています」。

Bさんは四〇代後半。建築現場に貸し出す仮設住宅(レンタルハウス)を洗い、ペンキを塗る仕事をしていたが、親会社が業務縮小のために、この部門を廃止した。これにともなって職を失い、雇用保険を受け取る手続きをするためにハローワークを訪れた。

北海道出身。高校を卒業して自衛隊に入隊し上京。その後、地元に戻り、自動車のブレーキの一部となる部品を製造する会社に就職した。しばらく働いたあと、ハウス栽培に使うビニールを作る会社に転職。不規則なシフトで体を壊す。以下その部分の会話である。

――ハウス栽培に使うビニールですね。

そうですね。そこでやっぱり四、五年勤めたと思うんですけども。それが三交代制なんですよね。で、ちょっと体を悪くしちゃって。朝行ったり、夜行ったり、昼行ったりね。三交代で、一週間交替に……例えば朝四時頃から一日中の二時頃までとか、今度は二時から夕方の七時か、今度は夜の七時八時頃から朝方までとかね、そういうような交代制の所なんですよ。機械を止められないから、それでちょっと体を壊しちゃって。夜だけじゃないけどね、まあ、やっぱり人間は夜寝るもんだから、日中慣れないと寝れない時もあるし、夏の暑い日中ね、家なんかエアコンも無いのに、家の中暑いのに眠れないし。

このようなシフト労働は、今世界中で広がりつつある。世界的な競争が厳しくなり、国内でも、二四時間営業の店がふえるなかで、働き方が不規則になってしまうのだ。労働時間はそれほど長くなくても、生活が不規則になり、Bさんのように健康を損なったり、家族生活に支障がきたされるといった問題が指摘されている。

競争のしくみが変わっていくなかで、労働者のかかえる問題が複雑になっている。

これに歯止めをかけるためには、組合の力も重要となる。組織率が低下しているなか、組合がこのように現場でおきている問題を拾い上げ、それに対してどれだけ影響力をもてるかが組織率を上げるひとつの鍵になるのではないだろうか。

話をBさんに戻そう。不規則な労働で体を壊し、他の建築現場に転職し、レンタルハウスを洗う仕事に変わって二年で解雇される。

興味深かったのが、Bさんが転職する先々で、起きている職場環境の変化である。Bさんは職場から正社員が減り、非正社員(パートやアルバイト)に置き換えられていることや、外国人労働者が採用されるようになっている実態を以下のように語っている。

——ご自分が思われていた失業のイメージってどんなイメージですか。

今まででもう三社くらい変わったんだけど、まあ……自己都合っていうかそういう様な感じで辞めた所が多かったから、また自分に合う仕事探せばいいやと思ったけど、もう今は違いますよね。やっぱりちょっと人間関係が嫌だからどうのこうのって言っていられない時代ですよね。

前の足場機材とかのリース会社も……社員を社員じゃなくして、係長以下は社員がみんなアルバイトになっちゃったんですよ。社長も代わったし、やっぱ不景気でね、そこの会社の社長がね、代わったんですよね。代わって、今まで係長だった人が平のアルバイト的な日給月給の作業員になっちゃったんですよ。

それだけじゃなくて……一般の人はもちろんアルバイト的に一日幾らの社員になっちゃったし、ボーナスも貰えなくなっちゃった。それの前に俺は辞めちゃったんだけど、そういう風になる前の二ヶ月ぐらい前に察して、そういう風になりそうだなぁって察したのとね、あと、まあ、そこに外国人が働いていたんですよ……ま、七～八人。その外国人と一緒に仕事をしていてね、外国人がちょっと荒っぽい人間だったんでね。ちょっと言うこと聞かないし、それで辞めちゃったんですけれども。

やっぱり二～三年前には予想もしなかった時代が今来ているっていう感じで……さっきの話で、失業についてのイメージって言うのは、その当時は辞めても次にそれほど苦労なく（仕事が）見つかったんで、だから別に失業って、自分で深刻に考えてなかった。今の方が深刻ですよね。

――深刻に捕らえて、今のお気持ちは、どうですか。

まあ、（賃金が）安くても働かなきゃしょうがないから、なるべく良い所を探そうと思うだけですよね。

――あとはですね、何か言い足りなかったことは。あるいはこれだけは言っておきたいということは。

う～ん、そうですね、職はやっぱりー、なるべくだったら、初めて勤めた所に長く勤めるのが一番いいですね……そう思いますよ。

**夫の失業を家族はどのように受け止め、サポートしているのだろうか。**

――奥さんショックを受けているような感じですか。

ええ、そうですね、だって仕事が無いんだから収入が無いんですからね。まあ失業保険をもらえるように手続きに来たんだけども、退職金も二年ぐらいしか勤めていないから、幾らも出ないしね。

――でも一応二年間働いたとして退職金が出る。

うん、一応会社都合で二年間しかいなかったんだけど、まだ貰ってないから幾ら位だかわかんないけど……まあ五、六万じゃないですか、二年くらいだから。

――でも雇用保険は世帯主だからある程度はもらえる。

一〇ヶ月もらえるかどうかわかんないけども、二~三ヶ月貰っているうちに早く仕事探さないとねー。で、失業保険なんて幾らも貰えないですからね。一応、手取り収入がせめて一七~一八万から二〇万近く貰える様な所を探さないとね。

――友人関係とか、いま何かに支えられているなぁって思ったりする事はありますか。

うーん、友人関係ですか。友人はいないほうだから(笑い)。まあ、支えてくれるって親しかいないですね。

――そうですか、やっぱり親の存在って大きいですか。

そうですね、やっぱり……うん、一応(親は)年金しか貰ってないんで……あと親も病気でね。病気っていうか、まあ寝込んでいる訳じゃないんだけども、親父は心筋梗塞で力仕事とかちょっと疲れるような仕事は出来ないんですよね。もう親も年なんですけどね。だから内職一日やって、一ヶ月幾らくらいになるのか、おふくろの方もそれと同じ仕事をやってて二人で三万位ですね。それと後は年金暮らしで食ってるんですけども、こういう風に俺が仕事無くなっちゃったもんだから、少しは俺らを助けてくれると思うんですけども。自分が親を見なきゃしょうがない立場なのにねー。やっぱね、こっちも仕事なくなっちゃったもんだから、まー助けてもらわなきゃしょうがないっていうか。

不良債権処理にともなうゼネコンの倒産などによって建設業で生じた失職者は約二二万人。加えて、毎年二兆円の公共投資の削減によって〇一年から〇六年の五年間に約六五万人の雇用が削減されると推計されている。

雇用の受け皿はあるのか。第一生命経済研究所の川崎真一郎氏は、「建設業は、同一産業内で転職する割合が約七〇%と他産業と比べてかなり高い。四〇歳以上になると八〇%にもなり、転職する場合に産業間移動が非常に難しい業界なのです。業界の規模は縮小するなかで、再就職は簡単にはいかないのではないか」という。

## 実効性の必要な年齢差別禁止法

失業者インタビューのなかで、繰り返し聞いたのが、年齢差別という壁。この存在が中高年の会社都合の離職者が再就職先を探す場合の障害となっている。そのために、職業訓練を受けても就職できない。

こういった状況に対して政府も対策を講じなかったわけではない。〇一年には、「年齢にかかわりなく働ける社会に関する研究会」を設置し、〇二年に、その報告書をまとめている。また、同じ時期にこれに関する有識者会議を開き、その実現に向けて、労働市場を整備していくことの必要性を確認している。

その柱は四つ。

(1)職務を明確化し、能力の評価システムを確立すること
(2)能力・職務重視の賃金・処遇の確立
(3)雇用形態の違いによる待遇格差を是正し、多様な働き方を生み出す
(4)採用時の年齢制限を是正し定年延長・継続雇用を推進する

これをひらたく言えば、年齢に依存した年功的な賃金体系を見直し、能力や職務に合わせて賃金や処遇を決めよう。能力で評価されるようになれば、採用の条件に年齢の制限をする意味はない。それを徹底させるために、採用時の年齢制限を撤廃する規則なり、指針なりを作る。そして、いずれ、このような労働市場が整備されていけば、年齢による差別を禁止する法律を作ることも可能となろう、ということである。

このように方針が作られ、さらに、〇一年におこなわれた雇用対策法の改正において、年齢制限をなくすべく指針が作られた。正式には「労働者の募集及び採用について年齢にかかわりなく均等な機会を与えることについて事業主が適切に対処するための指針」とよばれる。

しかし、これはあくまでも努力義務ということで、この指針のなかには、年齢制限が認められる場合が一〇項目にわたって記述されており、従業員に年功的な処遇をしている事業所が募集に際して年齢制限をすることも認めている。

また、〇四年には高年齢者雇用安定法が改正され、労働者の募集・採用の際に、やむを得ない理由により六五歳未満の上限年齢を設ける場合に、事業主にその理由を提示することを義務化している。しかし、これらは努力義務で、年齢差別の禁止については、現在のところ、法制化はなされていない。

〇七年から団塊の世代の退職もはじまり、製造業では熟練労働者不足も心配されている。現在の定年制を見直し、年齢にかかわらず活躍できる社会を作ることは重要な課題になっている。

第3章

# 正社員を問い直す

最近は景気の回復や二〇〇七年度からはじまる団塊の世代の退職を受けて、新規採用においても正社員雇用が増加しつつある。四五歳以上の求人倍率も大きく回復しており、不良債権の処理に追われた〇三年の状況とは大きく異なる。日本の労働市場にもようやく明るい兆しが戻ってきた。

にもかかわらず、これからも非正社員の比率は高いまま、正社員と非正社員の格差の問題が解決されずに残るだろうと考えるのは、この非正社員(欧米では非典型労働者という)の増加という問題が、前の章でものべたように、経済のグローバル化と大きくかかわっているからである。不安定就労の増加は、先進国が共通にかかえる社会問題である。

## 有期契約の増加

メールの受信ボタンを押したら突然目に飛び込んできた。「就職が決まりました!」という件名のメール。大学院生からのものだ。だめもとで応募した大学の専任講師の仕事が決まったという嬉しいメールだった。

その文章の最後の方に、「契約書類を見ると、最近はそういう傾向なのかもしれませんが、専任講師は三年間の任期制なのです。もちろん再任は妨げないということになっていますが。なので、三年後にはもっとしっかりと研究ができるようになっていたいです」と書いてある。

昔は考えられないことだったが、いまは専任のポストでも任期制になっている大学が多い。採用されたら自動的に期間の定めのない雇用契約というわけではなくなっている。

フランスでも事情は同じなのだそうだ。簡単に期間の定めのない雇用契約の正規のポストに就けるわけでもないらしい。長い間日本に住んでいたフランス人のご夫婦と話をしていて、息子さんの話題になった。日本語とフランス語と英語ができ、アメリカの大学を卒業している超エリートである。経済のグローバル化のなかで、もっとも望まれている人材のようにおもうのだが、フランスでは就職がなくて大変苦労したのだそうだ。

フランスで通用する資格をもっていなかったことがネックになったという。そこで、一時就労登録会社に登録し、そこから銀行に派遣してもらったということである。

フランスではこの形態で働けるのは最大一八ヶ月。会社が引き続きその労働者を雇いたい場合は、期間の定めのない雇用契約を結ぶ必要がある。この慣例にしたがって、会社は一八ヶ月後に、彼を正規に採用した。

ちなみにフランスでは、派遣労働者と派遣先労働者のあいだに待遇差を設けることは禁止されている。社会保険の加入などは、派遣先企業内の同様同職種・地位の労働者と同等の扱いを受けることが法律で決められている。その意味では、期間の定めのある労働者を雇おうがそれによって社会保険の負担が節約できるわけではない。しかし、雇用契約において、解雇の規制が強いので、(期間の定めのない労働者を雇うことを)躊躇する事業主が多い。ちなみに、〇四年一〇月現在、フランスの派遣労働者は約六三万五〇〇〇人。全労働者のうち約三・九%が派遣労働者によって占められており、そのうちの四七・三%が工業部門で使用されている。

| | (1000人) | | % | | % | |
|---|---|---|---|---|---|---|
| | 就業者数 | | パートタイマー(1)比率 | | 臨時労働者(2) | |
| | 1988 | 1998 | 1988 | 1998 | 1988 | 1998 |
| 日本(3) | 60,502 | 67,003 | 10.8 | 15.4 | 9.1 | 9.7 |
| アメリカ(4) | 117,342 | 133,488 | 18.7 | 17.4 | N.A. | 3.6 |
| デンマーク | 2,683 | 2,679 | 23.7 | 22.3 | 5.6 | 5.8 |
| ドイツ | 26,999 | 35,537 | 13.2 | 18.3 | 5.0 | 5.6 |
| フランス | 21,503 | 22,469 | 12.0 | 17.3 | 4.6 | 10.3 |
| イタリア | 21,085 | 20,357 | 5.6 | 7.4 | 3.3 | 4.2 |
| オランダ | 5,903 | 7,402 | 30.2 | 38.7 | 7.0 | 11.1 |
| スペイン | 11,709 | 13,161 | 5.4 | 8.1 | 15.3 | 24.3 |
| スウェーデン | 4,375 | 3,979 | 27.1 | 26.3 | 10.6 | 13.9 |
| イギリス | 25,660 | 26,883 | 21.9 | 24.9 | 5.0 | 5.8 |

(1)パートタイム労働の定義は各国において異なっている。アメリカでは通常の週労働時間が35時間未満のもの、日本とヨーロッパ諸国においては本人の申告による。
(2)日本とヨーロッパ諸国では臨時労働者は基本的に「有期の雇用契約で働く者」と定義される。ただし日本のデータには日雇い労働者も含まれる。ヨーロッパのデータには見習いは含まれていない。アメリカの臨時労働者は一定期間臨時的に必要とされる仕事に就く労働者である。
(3)日本のデータは87年と97年である。
(4)アメリカのデータは89年と99年である。
出典：大沢真知子・スーザン・ハウスマン編著『働き方の未来—非典型労働の日米欧比較』(日本労働研究機構、2003年)

図表3-1　臨時労働者とパートタイム労働者の割合の推移

## 経済のグローバル化と非典型労働の増大

九時から五時まで働き、期間の定めのない労働契約(常用雇用)を結ぶことが当たり前だった時代から、九〇年代にはいると、期間の定めのある有期契約の仕事や派遣労働の仕事、さらには会社と個別に契約を結び専門的な業務に携わる(独立)契約労働者など様々な形態の働き方がふえてくる。

図表3-1は、ヨーロッパとアメリカ、日本における労働者に占める臨時労働者の割合を八八年から九八年にかけてみたものである。フランスやスペインのように増加が著しい国と、デンマークやアメリカやイギ

リスのように、ほとんど変化していない国がある。

このように経済のグローバル化に対しての影響が国によって異なるのは、この流れを加速する制度を持つ国とそうでない国とがあるからである。この違いがなぜ生じるのかについては、第5章でくわしくのべる。

ただし、増加の要因はほぼ共通していて、労働者側がこのような就業形態を好むことよりも、会社側の事情(会社側の採用の変化)によるところが大きい(1)。競争の圧力が強くなり、市場がグローバルに拡大するなかで、製品需要の変動が大きくなり、変化に柔軟に活用できる労働者をふやす必要が出てきたからである(大沢・ハウスマン、二〇〇三)。

また、日本についていえば、臨時労働者もさることながら、パートタイム労働者の増加が顕著である。これは、日本のパートタイマーが雇用契約において、ヨーロッパの臨時労働者と同じような性質をもっているからである。

## 日本のパートタイマーの定義

国際比較をするときにもっとも気をつけなければいけないのが定義の違いだといわれている。先進国一般に就業形態の多様化が顕著になったことから、九〇年代の後半に、アメリカの研究者スーザン・ハウスマンとともに、雇用形態の多様化に関する国際会議を企画し、二〇〇〇年に実施した。本書で、非正社員の増加を経済のグローバル化と関連づけているのは、この国際会議での議論とそこからえられた結論がもとになっている。
そのプロジェクトを実施するなかでもっとも苦労したのが、同じ名称の労働者の中身を確認し、実際に同じであるかどうかを検討する作業だった。大変だったのはもうひとつ、その細かい打ち合わせが深夜に国際電話をつうじておこなわれたことだ。たとえば、次の日の朝から授業がある日の深夜の会話はこんな具合だ。

スーザン「日本の統計をみるとパートタイマーとアルバイトと別々に分類されているが、違いを教えて欲しい（欧米にはこういう区別がない）。派遣労働者のなかに常用労働者と有期労働者がいるのはなぜ？（欧米では有期契約を結んでいることが一般的である）どうしてフルタイマーと同じ時間働いているパートタイマーがいるのか？（通常、欧米では労働時間が短いからパートと呼ばれる）」

わたし「う〜ん（受話器を取らなければよかった）。」

同じ名称が使われていても、その国によって、労働市場の制度やしくみが違うので、かならずしも同じタイプの労働者がそこに分類されているとはかぎらない。しかし、統計上同じ名称が使われているので、つい同じだとおもってしまうのだ。
はじめのうちは、こういった細かい定義の違いを議論することを、面倒くさいとしかおもっていなかった。しかし、研究を進めていくうちに、この違いは、日本の非正規(非典型)労働者、なかでもパート労働者の顕著な増加を理解するうえできわめて重要であることがわかってきたのである。ヨーロッパでは、就業規則が細かく決められていて、従事している仕事が臨時的な(有期契約の)仕事なのか、それとも常にある仕事(常用雇用)なのかを、採用の段階ではっきりさせて契約を交わす。同じことは労働時間についてもいえる。これも、フルタイムが週四〇時間だとすると、週三〇時間とか二〇時間はたらく人をパートタイム労働者とよぶ。そして、雇用契約の期間の有無(常にある仕事か臨時的な仕事か)と労働時間(フルタイムかパートタイムか)の組み合わせで就業形態が決まる。

この基準で、日本の非正規労働者の実態をみると、定義と実態の矛盾にぶつかる。それが、いま紹介したスーザンの質問にあらわれていたのである。つまり、フルタイマーと同じ労働時間で働くパートタイマーは、定義上は存在しない。なぜだというわけだ。

他方、日本では統計の定義上では欧米諸国とそろえているが、その定義と労働市場での実態とはかならずしも同じではない。しかし、この定義と実態とのずれは実はどこの国にもあり、国際比較には、それぞれの国の労働市場の制度的な違いに注意する必要があるのだ。たとえば、アメリカやイギリスでは、常用雇用と臨時(有期)雇用の区別はほとんどされていない。

しかし、日本のなかでも、もともと想定されていたパートタイマー像と実際のパートタイム労働者とのあいだには乖離が生じている。実はこちらの方が、より重大な問題だとおもえるのである。

## 日本のパートタイマー

第2章ですでにのべたが、日本のパートタイマーとは、世帯主に扶養される既婚女性で、家計補助的な目的で働き、工場などで単純な仕事に従事している労働者であると考えられてきた。そして、賃金も低いが、かれらの仕事もそれに見合った単純な作業に限定されていると考えられてきたのである。

ところが、八〇年代に入ると、責任のある基幹的な仕事をしているパートタイマーがスーパーなどの第三次産業で観察されるようになる。経済のサービス化が進むなかで、パートタイマーは、縁辺労働力といった定義をはるかに超えて広がってきたのである。それを如実に示すのが、九九年二月に実施されたアンケート調査の結果である。

①雇用するパートタイム労働者の中に、「『正社員』と職務内容がほとんど同じ」者が存在する事業所は五八・六%。

②雇用するパートタイム労働者の中に、「管理業務や専門業務に従事している」者が存在する事業所は二六%。

③雇用するパートタイム労働者の中に、「『正社員』とほぼ同じ勤務時間で、残業や事業所内の配置転換もある」者が存在する事業所は二〇・一%。

④雇用するパートタイム労働者の中に、「勤務期間が相当程度長期化(一〇年以上)している」者が

（注）一般労働者の１時間あたりの所定内給与額は次の式により算出した。
１時間あたりの所定内給与額＝所定内給与額÷所定内実労働時間数。
出典：厚生労働省「賃金構造基本統計調査」

図表 3-2　女性パートタイム労働者と女性一般労働者の賃金格差の推移

存在する事業所は四九・五％。

このように、パートタイマーを責任のある仕事につけている事業所もふえている。にもかかわらず、実際の処遇には大きな格差がある。〇一年では女性正社員を一〇〇として女性パートタイマーは一時間あたりの所定内給与で六六・四、また賞与を含めると、五五・五と大きな開きがある（厚生労働省「賃金構造基本統計調査」より）。さらに、この格差は拡大傾向にある（図表３‐２）。

こういった実態を深刻に受け止め、九三年に成立したパート労働法（正式名称は、「短時間労働者の雇用管理の改善等に関する法律」）の見直しも含めて、二〇〇〇年と〇二年に厚生労働省はパートタイム労働にかかわる研究会を開き、その実態を調査するとともに、処遇の改善をはかるためのガイドラインを作成した。

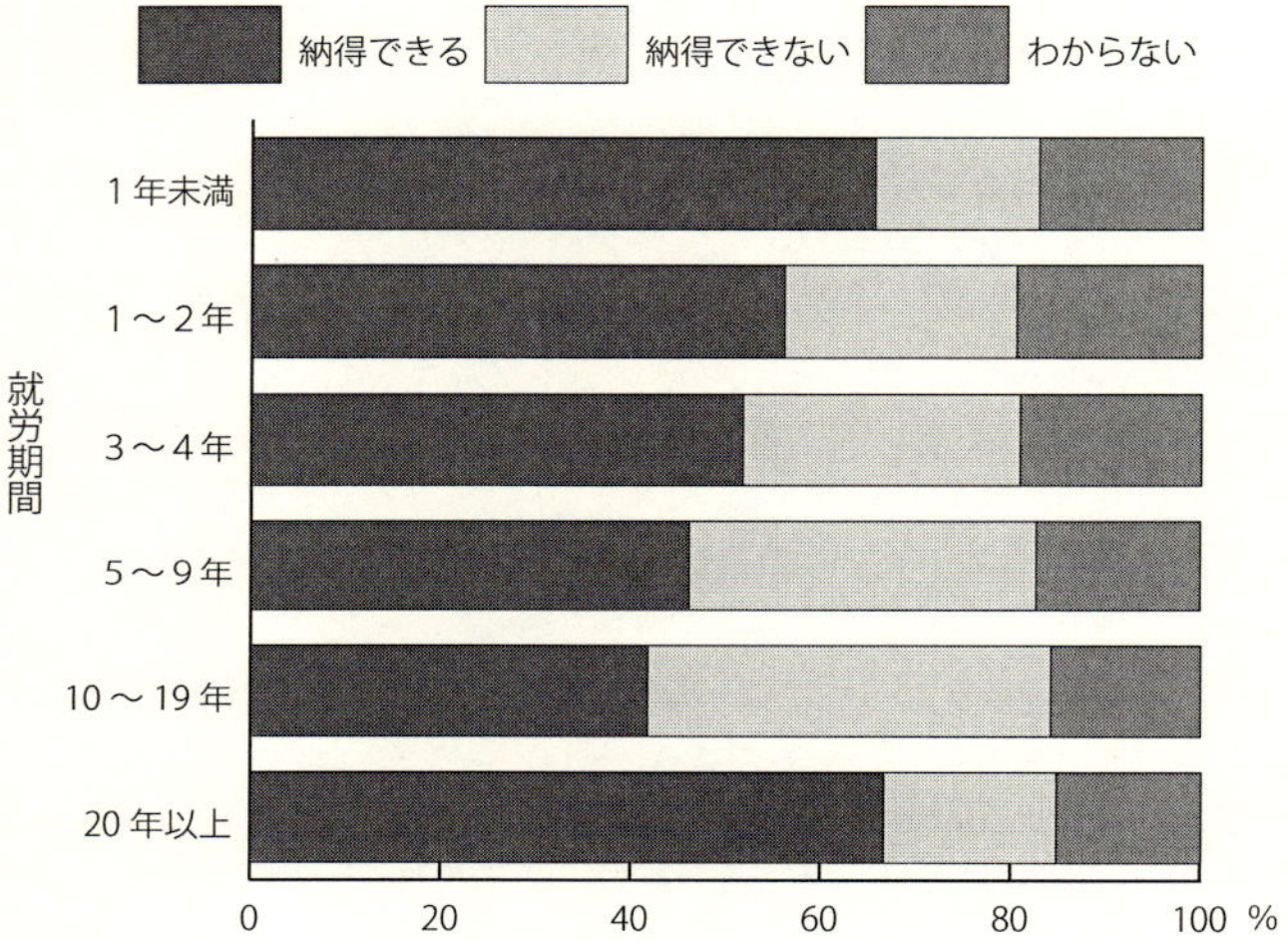


出典：厚生労働省「パートタイム労働に係る雇用管理研究会報告」(2002年4月)

図表 3-3　現在の職場での就労期間別正社員との賃金格差への短時間労働者の納得度(正社員との賃金格差の納得度)

**処遇格差の納得度**

すでにのべたように、公式な定義からはみでるパートタイマーがかなり存在する。労働時間も正社員と同じで、責任のともなう仕事や管理的な仕事に従事するものもいる。研究者のあいだでは、こういうパート労働者を疑似パートと称しており、パートタイマーの二、三割がそう分類されると推計されている。ただし、労働時間も仕事の責任もまったく同じというパートタイマーにかぎっていえば全体の四～五%にすぎない。

また、正社員とのあいだの処遇差に対しては、すべてのパートタイマーが不満をもっているわけではない。勤務形態に満足しているひとも多い。不満が高まるのは、勤続年数が長くなり、仕事の責任も重くなってきたパートタイマーの場合である。たとえば、就労期間が一年未満のパートタイマーの三人に二人は正社員とのあいだの賃金格差を納得できるとしている。ところが一〇年をすぎると納得しているひとは四割に減少する。ただし二〇年以上になると納得度は高くなる（図表３‐３）。同じことは職務レベルについてもいえる。職務レベルが高度になるほど賃金格差を納得できないと答えるパートタイマーがふえるのである。

その理由は、正社員とパートタイマーとのあいだの賃金格差が、就労期間が長くなるにしたがって大きくなっているからである。図表３‐４は正社員とパートタイマーの勤続にともなう賃金の上昇度の違いをみたものである。勤続年数が長くなるとともに賃金格差が拡大しているのがみてとれるだろう。

**賃金の決定方式の違い**

このように賃金格差が生じるのは、賃金決定の方式が異なるからである。正社員は、職能給といって、長期的にみたキャリアパスを想定し、それにしたがって賃金が支払われるのに対して、パートタイマーは現在の職務に対して賃金が支払われる。

その違いが定期昇給の有無や退職金の支給の違いにも反映されて、賃金格差を生み出していると考えられる。前述の九九年に実施されたパートタイム調査をみると、正社員の六割は定期昇給があると答えているのに対して、そう答えている非正社員は二割と少ない。また、賞与や退職金制度の

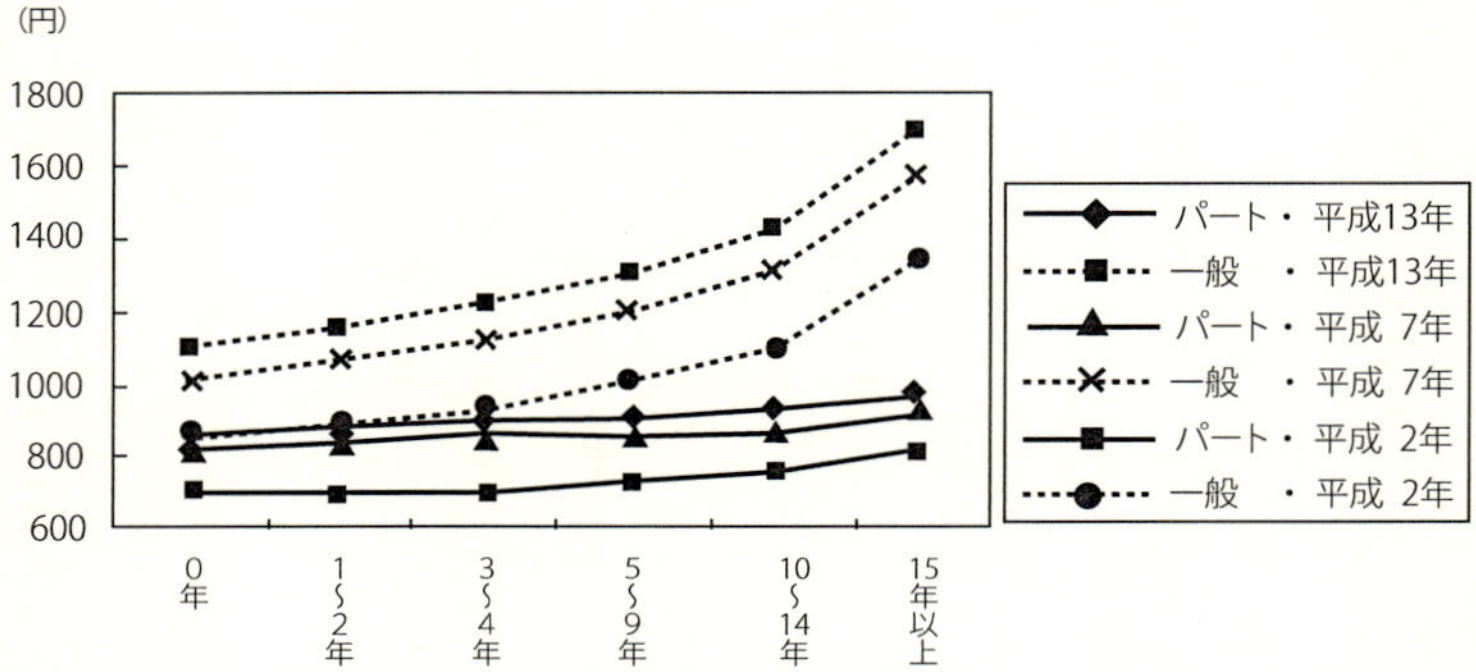


(備考)厚生労働省「賃金構造基本統計調査」(パートについては特別集計)により、短時間・在宅労働課で算出した。パートタイム労働者とは、１日の所定労働時間が一般の労働者よりも少ない又は１日の所定労働時間が一般の労働者と同じか一般の労働者よりも少ない労働者をいう。
出典：厚生労働省雇用均等・児童家庭局「パート労働の課題と対応の方向性」(2002 年７月)

図表 3-4　正社員とパートの勤続年数別賃金

適用を受けている正社員は九割を超えているのに対して、パート労働者で賞与の支給制度が適用されている者が四割強、退職金制度の適用がある者は一割弱と低くなっている。

このように処遇の決定方式の違いが格差をもたらしていることから、研究会では、同じ職務の場合は、処遇の決定方式を実態に合わせ処遇の均衡をはかることを提言している。ここで提案されたガイドラインは〇三年にパート労働法の指針が改正された際に、ここに盛り込まれている。その内容は以下のとおりである（厚生労働省「パート労働の課題と対応の方向性（パートタイム労働研究会最終報告）」、二〇〇二年）。

①同じ職務の場合には、処遇の決定方式を同じにする。

②現在は同じ職務でも、異動の幅、頻度などのキャリア管理の実態が正社員とパートで違えば、処遇決定方式に違いがあることは合理的である。た

だし、フルタイムでも拘束性の少ない働き方が広がっていけば、それとパートとのあいだで処遇の決定方式を合わせるべきである。

③合理的な理由があり、処遇の決定方式が合わせられない場合においても職務が同じならば処遇差は合理的な範囲であるべきである。ただし、その判断は一律には定められず、企業、労使に委ねられるべきである。

このように、正社員とパート労働者の職務が同じ場合には、処遇の決定方式を同じにすべきだという考え方があきらかになった点で、この指針の改正は評価されるのかもしれない。しかし、「人材活用のしくみや運用」が違えば、格差は認められる。また、多くのパートタイマーは、職務そのものが異なる。その意味では、指針の改正は多くのパートタイマーの処遇を改善するものではないのである。

## 正社員とはだれのことをいうのか

〇二年に開かれた研究会にはわたしもメンバーとして加わった。研究会のなかで、もっとも興味深かったのが正社員の定義をめぐって交わされた会話である。正社員とは一体だれのことをいうのか。議論になったのはパートタイマーの定義よりも、むしろこちらの方であった。

そして「会社の将来をになう中核労働者として、長期的な視野から人材育成がなされる労働者である。家族が養える賃金が支給され、強い雇用の保障がある代わりに、残業や転勤や配置転換などの会社からの命令に従う義務を負っている」というのが非公式に語られた正社員の定義である。

これに対して、パートタイマーは、正社員のように会社からの拘束性はない。個人や家族の生活を優先させた働き方ができるように配慮されている反面、報酬は低く雇用の保障もうすい（ただし、最近の判例では、労働実態にもとづき、パートタイマーに雇用保障を認めた例もある）。

この定義を厳密に当てはめれば、日本の働き方のなかには、家庭生活も大切にでき、雇用の安定もあり報酬もそれなりという仕事が、スッポリ抜け落ちていることになる。この抜け落ちている働き方こそが、わたしたちが望んでいる働き方ではないのか。

雇用形態間の賃金格差の背後には、夫が一家の大黒柱として、経済的な責任をもち、妻が家で子育てや家事をするという伝統的な夫婦のあり方が想定されている。そして、社会保険のしくみもそれを補完して作られている。

問題は、すでに前の章でのべたように、非正社員が世帯主に扶養されている配偶者ではなくなっていることだ。その多くは、これから職業生活をはじめる若者である。また、夫婦ともに正社員ではたらく世帯も増加している。

## 非正社員の増加と格差の拡大

それでは、夫婦がともに非正社員だとすると、所得はどれだけ低いのだろうか。南山大学の岸智子氏は、雇用形態別に世帯所得の分布をみている。労働時間や住んでいる場所が同じだとしても、二〇代（妻）で、夫が非正規労働に従事し、妻が働いていない世帯では、伝統的な世帯（夫が正社員で妻が専業主婦）に比べて、すでに年間の所得が二八％低い。他方、妻も夫も正社員で働いている場合には、伝統的な世帯に比較して三一％年間所得が高くなっている（Kishi, 2003 : p. 62）。

七〇年代までは、正社員の雇用と賃金を保障する政策は、日本の所得格差を縮小する方向に働いた。ところが、経済のサービス化やグローバル化によって経済構造が大きく変化したいま、同じ政策を取り続けることは、格差を拡大させることにつながってしまうのである。

しかもいまのべた格差は、年齢が上がるにしたがって、拡大する傾向にある。たとえば、妻が三〇歳から三九歳では、夫婦ともに非正規であれば伝統的な世帯に比べて三八％、また、夫が非正規で妻が専業主婦の場合は六六％も年間の所得が低くなっているのである。

非正社員の増加がこれ以上進めば、日本の強みであった中間層を大きく減らすことになるだろう。また、それが家計の購買力の低下となって企業の活力を奪ってしまうのである。

九六年の社会生活基本調査によると夫が非正社員で妻が専業主婦の世帯は二〇万四〇五〇世帯である。構成比にして二・二％にあたる。また、夫も妻も非正規労働者である割合は三六万五四三五世帯、全体の四％を占める。

さらにこれらの世帯では、出産を遅らせたり、出産をあきらめたりするケースもみられる。最近の出生率の低下は、女性の社会進出の進展といった事情よりも、世帯がかかえる経済不安によってもたらされているという新しい研究の結果も報告されているのである。

これまで日本の社会制度は、雇用保障も社会保障も正社員中心に作られてきたことは第2章でのべた。時代が変わり、共働き世帯がふえてくるなかで、この政策はもっとも豊かな層を保護する政策に変わりつつある。

## 変化する正社員

さて、労働者を正社員と非正社員というふたつのカテゴリーに分けて、その違いを論じてきたが、最近の労働市場の変化をみてみると、それでは分類できない新しい処遇形態で働いている労働者がふえている。

正社員と従来の非正社員とのあいだに位置する労働者の出現である。おおくくりにして準正社員と呼ばれることが多いが、会社によっての呼び名はまちまちで、正社員をマネジメント社員と呼び、準社員をキャリア社員と呼んでいるところもある。

契約期間は有期であるものが多いが、更新が可能で、何年かのちに試験をうければ正社員へと移動できる制度も導入されている。あきらかにいまのべた非正社員とは異なる労働者なのである。分類としては限りなく正社員に近い。しかし、景気の不透明さや先行きの不確実さを考えると一〇〇%の雇用保障はできない。そこでとりあえず、有期社員として採用し、様子をみるといったところだろうか。

また、正社員の人事管理制度にも大きな変化がみられる。会社が強い拘束性をもって社員の人事管理をするのではなく、社内公募制によって求人を社内から募り、社員みずからが自分のキャリア形成を考え、プロフェッショナルとして自分の専門性を築いていく、新しい人事管理制度を導入する会社もふえている。

時代は大きく変わりつつある。長期の市場の拡大から短期の利潤追求へと、経営者の経営方針が変化しているなかで、いま求められているのは、非正社員の処遇の見直しよりも、正社員を問い直し、ここに多様な働き方を生み出すことではないだろうか。

## 欧米のパートタイマー

パートタイマーとひとことでいっても、欧米諸国でもパートタイマーのすべてが正社員の短時間労働者というわけではない。低スキルの仕事に偏っているアメリカやイギリスのような国から、オランダのように正社員の短時間労働者として時間あたりの賃金にほとんど差がない国まであり、多様である。

また、性別役割分業が社会制度に強く反映している国では、既婚女性がパート就労を選択する傾向が強い(たとえばドイツ)。そして、正社員に対してパートタイマーとして働く労働者を一段低くみる傾向も一般的であり、パートタイマーは労働市場で差別の対象になりやすい労働者というのが、九〇年代はじめの欧米諸国の研究者の共通見解であった(O'Reilly and Fagan, 1998)。

それが、九〇年代後半になってくると、正社員の働き方の選択肢のひとつという位置づけに変化している。たとえば、長いあいだ日本同様、男性世帯主を保護する政策を採り続けてきたドイツで、パートタイマーを勤務時間の短い正規労働者と位置づけ、良質なパートタイム労働をふやし、新たな雇用を生み出すための法改正が二〇〇〇年におこなわれている（柴山ほか、二〇〇五）。

しかし、働くお母さんだけが短時間勤務をするのであれば、育児を女性だけに押しつけてしまうことになる。そこで、男性も同じように労働時間を選べるようにしたら、それぞれが役割分担に縛られることなく、働き方や生き方の選択肢が広がる。そのために、ドイツでも二〇〇〇年に育児手当法が改正され、育児休暇は両親ともに取れる「両親休暇」に変わった。

労働時間が短くなれば、仕事の効率が上がり、また、ひとつの仕事をふたりで担当するようなジョブシェアリングが進めば、新しい雇用が生み出される。若者の失業率が高く、それが社会不安を生み出しているヨーロッパで、この施策に政府が注目するようになった理由もわかるような気がする。雇用が生み出されれば、多様な人材が社会のなかで活躍し、社会に活気を生み出す。

第2章で紹介した大卒で前職がホワイトカラー職のAさん。勤めていた食品会社が倒産して失業してしまった。そのAさんいわく「（失業問題を解決するひとつの視点は）仕事を作り出すこと。この視点が日本の雇用対策に欠けている」。

### フリーター漂流

経済のグローバル化が先進国にもたらした負の遺産は、臨時的で不安定な雇用契約をもつ労働者をふやしたことである。それは、有期契約の下に、企業に直接雇われている労働者の増加にとどまらず、派遣会社に雇われて他の会社に派遣される派遣労働者や請負労働者として他社の外部労働力として活用される労働者の増加をもたらしている。その多くが労働市場に新たに参入する若者である。

〇五年二月五日に放映されたNHKスペシャル「フリーター漂流」では携帯電話の部品工場で働くフリーターにカメラが向けられた。かれらは請負会社にアルバイトとして雇われ、九〇〇円程度の時給で働いている。ただし、フルタイムで働いているので、社会保険などは、自分で負担しなければならない。

日本の請負の歴史は長く、最近の現象ではない。工場に「構内請負」や「社外工」と呼ばれる労働者が昔から働いていた。ただし、親会社と専属関係にある場合がほとんどで、請負会社がある部門の製造だけを担当し、全面的に使用者責任を負っていたのである。

ところが七〇年代後半から人材ビジネス型の「業務請負」が増加する。この人材ビジネス型請負とは、ひとつの親会社ではなく、数百もの取引先をもち、全国から労働者を集め、いくつもの会社からさまざまな業務を請け負っている請負会社のことである。

人材ビジネス型の業務請負が登場したのは、七〇年代後半。オイルショックによる減量経営で景気回復期に深刻な人手不足に陥ったことから、周辺業務を請け負っていた協力会社に応援を要請したのが始まりだという。その後八〇年代には製造現場は多品種少量生産をおこなうようになり、省力化が進む。二四時間の生産体制を組むようになるが、女性労働者には当時は深夜勤務が禁止されていた。そこで深夜帯に請負労働者が働くようになる。

さらに八五年のプラザ合意後に円高が一挙に進み生産拠点が海外に移転された。バブル経済の崩壊や経済の国際化のなかでコスト競争が激化する。九〇年代の後半になると、人材ビジネス業が成長産業になる。これにともなって、人材派遣型請負も急拡大したというのが実態らしい(「連合」、二〇〇四年七月号)。

経済学者の西村清彦氏は、日経新聞の「経済論壇」のコラムのなかで、製造業のフリーターの増加と国際競争の激化について以下のようにのべている。

なぜ正社員が減り非正社員が増えたのか。(中略)この点に関し元経済企画庁長官の堺屋太一氏(「VOICE」、二〇〇四年五月号)が簡潔な説明を与えている。「八〇年代以降、世界の経済文化のグローバル化が進んだ結果、『工程分業』ともいうべき現象が広まった。総合企画、技術開発、デザイン制作、製品設計、部品生産、組み立て、流通販売、宣伝広報、金融操作などの各工程を異なる国(地域)で行うことによって、最適供給システムを作るのである」。世界的最強供給システムを常に維持していくためには、堺屋氏のいう「工程」をその時々の情勢にあわせて敏速に再配置しなければならない。このことは雇用に影響をもたらす。まず雇用が機動的に変更できなければならない。次に国内雇用と外国雇用が直接の比較対象になる。こうして非正規型雇用が増大し、雇用の二極分化が進行する(「日経新聞」、二〇〇四年五月三〇日)。

つまり、世界的最強供給システムを作っていくためには、柔軟な生産体制と安い労働者を活用することが不可欠であり、コスト削減の目的でフリーターが活用されることになる。

注意していただきたいのは、このような競争環境の変化はすでに八〇年代半ばからおきており、第2章でみたように、非正規労働者の比率の増加も八〇年代からみられることである。

このことは、フリーター問題とは、経済の構造変化に根ざした問題であることを示している。

NHKのドキュメンタリー番組に登場するのは、いまのべた人材ビジネス型の業務請負会社である。番組のはじめに、全国から募集されたフリーターがバスで到着し、寮に入る場面が映し出された。

このような請負労働者がにわかに注目をあびている理由は、〇四年三月に派遣法の改正がおこなわれ、製造業の生産現場にも派遣労働者を派遣することが可能になったという事情もある。

請負事業と派遣事業の違いは、請負は、親会社から業務を請け負うのに対して派遣会社は人を派遣するところにある。そのために、親会社は、派遣された労働者に対しては指揮命令をすることができるが、請負労働者には指揮命令ができない。そこで、たとえば作業の変更などがあった場合は、請負会社の責任者がそれを聞いて請負労働者に指示を与えなければならない。

番組のなかでも、請負会社が親会社に呼び出されて、作業の変更を伝えられる場面が何度か映し出された。どうやら二、三ヶ月ごとに変更があるようだ。それも予告なしに変更される。そのたびに、フリーターたちは、新しい作業に従事する。

これで本当に熟練が形成されるのだろうか。番組を見ていたひとの多くが感じた感想ではないかとおもう。また、安心した暮らしが営めるのだろうか、とおもったのではないだろうか。

番組のなかには、新婚で新妻とともに寮に住み、工場で働いているひともいた。しかし、業務量がふえて仕事がきつくなり、過労でダウン。その間は給与も支払われない。二、三日休養をとって熱も下がり、さあこれから残業をして失った給与の埋め合わせをしようと張り切って職場に戻った時には、注文が減り、残業も出来ない。社会保険料を支払ったあとの手取りの給与は夫婦が食べていくにも足りない額だ。

親会社と協力してある一部分の業務を請け負い、教育訓練はその請負会社が責任をもっておこなうといった従来の親会社と請負会社の関係はここには存在しない。モデルチェンジが早すぎて生産工程を自動化するだけの時間がないので、代わりに便利に安く使えるフリーターを活用しているのである。

このような人材派遣の請負会社が全国に現在一万社あるといわれ、一〇〇万人の労働者がそこで働いているといわれるが、その実態は正確につかめていない。

日本の製造業の競争力を支えてきたのは、製造業のブルーカラーにおいても雇用保障があり、長期にわたって幅広い仕事の経験を積み、理論的な知識の習得をした熟練形成のしくみにあるといわれてきた。しかし、九〇年代に入ってここに親会社に直接雇用されない多くの外部人材が登用されるようになっている。

構内請負企業に関する研究会が、電機連合傘下の工場支部が組織する事業所に対しておこなったアンケート調査の結果によると、九割以上の工場で請負社員を使っており、工場で働く社員の四人に一人が請負社員であるという(佐藤・佐野、二〇〇五)。

また、推移をみると、三年前とくらべて「正社員が減少した」と答える事業所は八割に達し、「正社員が減少し、請負社員が増加した」と答えた事業所は全体の五割を超える。第1章でもふれたように、日本の労働市場全体で正社員が減少しているのだが、ここでの数字も、それと連動したものとなっている。

今後の見通しについても、正社員が減少し請負社員が増加すると回答する事業所がもっとも多くなっている。景気が回復しても、正社員の減少は今後も続きそうである。

## なぜ外部人材を登用するのだろうか

外部人材を活用する理由は何だろうか。それは、固定的な人件費を削減するために基幹人材である正社員を抑制することにある。

東京大学の佐藤博樹教授が中心になって実施された、生産現場における構内請負の活用に関する調査によると、企業が請負労働者を利用する主な目的の上位三つは、①正社員を増やさずに要員を確保するため(七八・一%)、②業務量の一時的・季節的な増減に対処するため(七〇・五%)、③部門の人件費を減らすため(五三・三%)となっている(構内請負企業に関する研究会「第一回生産現場における構内請負の活用に関する調査」、二〇〇二年)。

ここからみると、製造現場で正社員を減らし続けている企業が多いのは、国際競争などの競争圧力が強くなってきたことが、企業の採用方針に大きな影響を与えているということなのだろう。

しかし、そんなに正社員を減らしてしまって日本のものづくりは大丈夫なのだろうか。前述のアンケート調査の結果によると、マイナスの影響を危惧する声も聞かれる。たとえば、回答したメーカーの五二・五％が、「人材育成（技能継承）という点で中長期的に懸念」されると考えており、また、三九％が「正社員ではないので生産管理や品質管理上で懸念」されると答えている（佐藤・佐野、二〇〇五）。

左記の佐藤・佐野論文では、「請負の業務が高度化し、請負社員が量的にも質的にも重要な役割を担いつつある」なかで、請負社員の定着率が悪いことを問題としてあげている。

請負社員を活用する職場が期待する定着期間は「一年以上」（六五・八％）から「三年以上」（三四・八％）。ここには、請負社員を長期に活用することにより高度な業務に配置したいという狙いがある。定着率が低いと、活用出来る業務範囲が狭められる上、請負社員の教育訓練を担当する社員の負荷も増し、教育訓練投資も回収できないという問題もある。ところが現実の定着期間は「期待を下回る」（四一・六％）ケースが多い（前掲論文：一〇六頁）。

ドキュメンタリーに出てくるフリーターの離職率も高い。離職理由も、工場内での人間関係に端を発したものもあり、一概に会社の人事管理制度だけを責めるわけにはいかない。しかし、労働条件も悪く、その会社に長くいて経験を積んだからといって、熟練が形成されるわけでもなく、給与が上がるわけでもない。

同じ時期にマイクロバスで到着した全国から集められたフリーターたちは一人去り、二人去り、仲間がどんどん減っていく。そんななかで、最年長の三五歳の男性は、残るべきか転職すべきか迷う。ここにいて自分の未来はあるのか。

年の暮れ、遂に意を決して退職。実家に帰省する。久しぶりに帰った息子を囲んで家族が一緒に食事をする場面での親子の会話が哀しい。

「一生懸命やっていれば、かならず誰かが認めてくれて、上に引っ張ってくれる。そこまでは辛抱しなければだめなんだよ」。父親には、息子がこんなにも早く退職してしまうことがどうしても納得できない。それが言葉になる。

息子は自分が経験してきた厳しい現実を父親にわかってもらうことはできない。それもそのはず、このように人材ビジネスが中間に入る業務請負という就業形態が急速に広がったのが九〇年代(はじまったのは七〇年代の後半)。そして、二〇〇四年三月一日からは生産現場に派遣労働者の派遣も認められるようになった。派遣が許されるのは一年のみ。それ以上に同じ労働者を雇う場合には正社員として会社が直接労働者を雇わなければならない。しかし、派遣が一年を超える場合の対応として正社員として雇うと答えている企業は三%にすぎない(電機連合「請負の活用実態に関するフォローアップ調査」、二〇〇四年)。

この番組は、かなりの反響があったのではないだろうか。〇五年二月一六日の朝日新聞のはがき通信欄に、ふたつの投書が掲載されていた。ひとつは「私たちの消費社会は、労働力までをも使い捨てにしているのではないかと考えさせられた」というもの。

もう一通は、昨年就職が決まらなかった娘をもつ母からの便り。「フリーターは働く意欲がなく、楽してお金を稼ぎたい無責任な人たちという印象をもっていた。実際は、正社員の壁が厚いからフリーターでもいいとおもっているからで、本当の気持ちは胸の奥にしまい込んでいるようだった。就職を希望する若者が、正社員になれる企業と出会えることを願わずにはいられなかった」。

国際競争の激化といった外的な条件の変化が、コスト削減という圧力となって、正社員の減少や外部労働者の活用をふやしている。製造現場でこれから正社員がふえるだろうと考えている事業者は、前述のアンケート調査でも二七三社中七社にすぎない(全体の二・五%)。

しかし、目先の利益にとらわれて、正社員を減らしすぎてしまうと、「製品の質の低下」(二五%)や「仕事の連携やチームワークが困難」(一八・八%)といった問題が生じる(佐藤・佐野、二〇〇五)。長期の競争力を失う可能性も高いのだ。

## 増えはじめたみせかけの個人請負という働き方

統計上は自営業者として分類され「個人請負労働者」とよばれるひとたちも増加している。専門的な定義は「請負あるいは業務委託・委託契約にもとづいてユーザー企業の指示に従って自らサービスを提供する人たち」のことである。

個人請負としてはたらくひとは五〇万人とも二〇〇万人ともいわれているが、個人請負の実態を把握できる公的な統計は皆無にひとしい(村田、二〇〇四)。

数年前に名古屋で男がビルの一室に立てこもり、人質を解放したあとに、支店長を道連れにビルを爆破し自殺した事件があった。覚えておいでだろうか。確か「軽急便」という会社名であったとおもうが、犯人はその会社から運搬の仕事を依頼されて生計を立てていた。車を会社からローンで購入し、ガソリン代は自前。収入はどれだけ配達したかによって決まる。しかし、まわしてもらえる仕事は減るばかり。高い実入りを期待して、会社を退職したにもかかわらず、現実には収入は少なく、生活にも困ってしまった、というのが犯行に及んだ動機だったようだ。

こういった個人請負労働者は日本だけではなくて、先進国を中心にふえている。アメリカなどでは、医療保険や年金などの負担を避けるために、企業が好んでこのように個人で独立して働く労働者と契約をするケースが多いといわれている。

## 個人請負・業務委託

わたしがインタビューしたMさんも、もともとはある中堅の食品会社で正社員として働き、工場で作られた商品を契約している店舗に配達する仕事をしていた。現在四五歳。勤続三年後、会社からもちかけられ、八八年に独立。口頭で会社と専属契約を結んで商品の運搬を担当していた。一日一四時間働いたときもある。仕事もふえたが収入も二倍に。収入は歩合制。手取りで五〇万円になるときもあった。

なぜ会社は契約を切り換えることをもちかけたのか。Mさんは、経費の削減のためだという。自動車の管理費や税金の負担やガソリン代などすべてMさんの負担になるからだ。会社は社員も減って、車を所有することにともなう経費も節約できる。


業務請負という形ではたらくようになって、収入もあがった。ところがバブルがはじけると状況が一転した。仕事量が減って売り上げが減った。会社はMさんではなく、より安く配送をしてくれる会社に仕事を依頼するようになった。注文が減り、五年前に廃業。その後パートなどの仕事もしたが、女性の多い職場になじめず二、三ヶ月で退職。一年半ほど前から生活保護を受けて生活をしている。妻とは離婚。子どもが三人いる。すべて男の子。育ち盛りである。最近はだんだんと気力が薄れているような気がするという。

Mさんが繰り返し言っていたのは、同じ会社に長く勤めることのメリット。これは第2章で紹介したBさんと同じだ。

彼自身、高校を卒業してから三度仕事を変わっているが、どれも大手企業の正社員であった。雇用保障があって、年功的な賃金が支払われていた職場。なぜ辞めたのかを聞いたが、明確な回答はなかった。ただ繰り返し彼が言っていたのは「こんなにきびしいとはおもわなかった」と言う言葉。四五歳をすぎて売れるスキルがない。

最近ふえている個人請負という働き方のすべてが、このようなケースばかりとはかぎらないだろう。あとの章でのべるように、フリーランスといった職業でチャンスをつかんでいる人もいる。

あえてここでMさんのケースを取り上げたのは、競争が厳しくなり、会社が短期の利益にこだわらざるを得なくなったときに、社員との契約を業務委託に変えることによって、人件費や社会保険の削減をするような会社がふえているようにおもうからである。

ここでみせかけの自営と呼ぶのは、Mさんの場合を例にとれば、取引をしていたのは元勤めていた食品会社のみであり、他の会社の仕事はやっていないからである。つまり、Mさんの生計は、この食品会社から注文を受けることによってのみ成り立っていたという点で、この食品会社にMさんは実質的に従属していたわけである。

このような場合、たとえばドイツでは、ユーザー企業(食品会社)に使用者としての責任があるとみなし、社会保険の支払いや労働者保護の義務を、業務委託している企業に課している。

労働政策研究・研修機構が〇四年二月におこなった「業務委託契約従事者の活用実態に関する調査」によれば、個人請負労働者を活用する理由として、専門業務への対応や即戦力のある人材の確保のつぎに、「生産変動への対応」や「コスト削減」をあげる企業が多い。

また、個人請負を活用する企業でコストを削減する目的で個人請負を活用している企業の三四・六%は、人件費の節約と答えているが、二三・五%は社会保険が不要のためと回答している(周、二〇〇五)。

つまり、Mさんのようなケースが、今後社会保険などの負担がふえてくるにしたがって、増加することも予想されるのである。

| | 購買力平価に基づいて評価された時間あたり最低賃金額（1997年のポンド表示） | フルタイマーの中位の賃金に対する最低賃金の比率（%） | 最低賃金以下の賃金しか受け取っていない人の比率（%） |
|---|---|---|---|
| ベルギー | 4.56 | 50 | 4 |
| カナダ | 3.80 | 50 | 5 |
| フランス | 3.97 | 57 | 12 |
| 日本 | 2.41 | 31 | 10 |
| オランダ | 4.27 | 49 | 4 |
| ニュージーランド | 3.18 | 46 | 1 |
| ポルトガル | 1.65 | — | 5 |
| スペイン | 2.10 | 32 | 2 |
| アメリカ | 3.67 | 38 | 5 |

出所：メトカフ（1999年）
出典：橘木俊詔『封印される不平等』（東洋経済新報社、2004年：170頁）

図表3-5　最低賃金額に関する国際比較

Mさんのインタビューのなかで、もうひとつ気になったのが、仕事があるにはあるが、基本的にはパートの仕事なのでフルに働いても生活保護の支給額よりも低い所得しかえられないという言葉。

これについては、京都大学の橘木教授が興味深い指摘をしている。それは日本の最低賃金がOECD諸国と比べても下から三番目と低い水準になるということである。最高水準にあるベルギーの約半額にすぎないという（図表3-5）。

結果として、最低賃金に近いところにあるパート賃金で働く人は、生活保護を受け取るよりも低い所得をもらっていることになる。図表3-6は、月の生活保護と最低賃金を支払われた場合の所得とを比べたものである。これは、夫三三歳、妻二九歳、子ども四歳の家族を想定した場合である。たとえば、東京二三区に居住している場合は、最低賃金でフルタイム働くと、

| （円） | 最低賃金 | 生活保護 | 差 |
|---|---|---|---|
| 東京（23 区） | 123,520 | 163,970 | -40,450 |
| 神戸 | 117,760 | 163,970 | -46,210 |
| 仙台 | 107,644 | 156,590 | -48,946 |
| 那覇 | 105,376 | 149,200 | -43,824 |

（注）最低賃金は平均月間総労働時間を勤労したものと仮定、生活保護は標準（男性 33 歳，女性 29 歳、子ども 4 歳）の世帯について計算している。
出典：橘木俊詔『封印される不平等』（東洋経済新報社、2004 年：171 頁）

図表 3-6　最低賃金と生活保護支給額の比較（2002 年度）

一ヶ月一二万三五二〇円稼げる。他方、働かずに生活保護を受け取ると一六万三九七〇円もらえる。ここに、四万四五〇円の差がある。

とはいえ「毎月一回役所にお金を受け取りにいくのはきつい。落ち込む。他方、安い賃金ではばからしくて働いていられない」というのも本音なのである。

## 保障と柔軟性をどう組み合わせればいいのか

経済のグローバル化にあわせて、変化に柔軟に対応できる労働者の需要がふえる。その最たる労働者が、外部労働力として活用される請負労働者であり、個人で業務を請け負う個人請負である。このような働き方ではとても安定した生活を送ることができないし、家族を養うこともままならない。

こういった雇用形態で働く労働者を必要とする時代に生きている以上、それを否定することはできないが、ここで働く労働者がいつまでもここに留まらないようなしくみや制度を整えることは重要だろう。

いまヨーロッパを中心に、有期契約を反復することによって、労働者が安く使い捨てられないようなしくみをつくる国がふえている。また、教育訓練プログラムなどを実施して、新しい技能が身につけられる機会をふやし、訓練プログラムを修了したあとの労働者を採用して安定した雇用形態の仕事につけるように支援する動きが広がっている。

そして、もうひとつの動きが、家族に配慮した柔軟な働き方を安定した雇用形態のなかに生み出す動きである。アメリカのいくつかの企業で九〇年代に導入されたのがはじまりだといわれているが、週の何日かに集中的に働いたり、一部の業務を自宅でおこなったり、あるいは一日の労働時間を短くして、プライベートな生活と仕事とのバランスをとる働き方を職場に導入する企業がふえている。

こういった柔軟な働き方が選択できるようになった背後には、経済のグローバル化によって、そういった働き方のニーズもふえてきたという事情もある。この両者のニーズをあわせた形で労働市場に柔軟性を導入することを、わたしは、「シェアリング・フルーツ」という言葉で表現した。柔軟性を導入することのメリットを、経営側と働く側の両方で分かち合うという意味である。

とくに、ヨーロッパではＥＵ(欧州連合)の指令にしたがって、加盟国が、正社員(フルタイマー)とパートタイマーとのあいだの労働条件を時間あたりにして均等にする法制度を整えており、そういった選択がしやすい環境が整えられている。

他方、日本では、柔軟性のニーズを非正社員の雇用の増減によって満たす制度が作られており、しわよせが非正社員にいきやすい。その多くが若者である。非正社員から正社員への移動を進めることが必要なのではないだろうか。

こういうと、だれでもがみんな正社員になりたいわけではない、という反論が返ってくる。正社員という働き方とは、残業があったり、配置転換があったり、単身赴任もある。つまり、会社の命令に対して拘束的に働かなくてはならない働き方だからである。組織にしばられないで自由に働きたいというひとには向かない働き方だというわけだ。

しかし、この拘束的な働き方、正社員からも本当に支持を受けているのだろうか。拘束的に働いて安心していられたのは、その見返りに雇用保障があったから。いまは万が一にも備えなければならない時代。自分の能力を磨いて、雇用の保障を作り出さなければならない。

大卒の正社員の三割が入社三年後には転職するのは、正社員という働き方が働く側のニーズに答えられなくなったからではないだろうか。雇用の安定性、通勤時間、職種、職場の人間関係、休日・休暇といった項目の総合満足度は公務員で一番高く、民間の正社員でもっとも低い（生命保険文化センター、二〇〇二）

いま必要なのは、非正社員と正社員とのあいだの移動を進めるだけでなく、正社員という働き方を見直し、労働者のニーズに配慮した働き方を職場で生み出していくことなのではないだろうか。

| (%) | 供給要因による寄与率 | 需要要因による寄与率 |
|---|---|---|
| パート | 33.2 | 62.4 |
| アルバイト | -22.2 | 124.1 |
| パート＋アルバイト | 5.5 | 93.3 |

出典：総務省「就業構造基本調査」

図表A　パート／アルバイト労働者増加の要因分解（1992～2002）

**コラム　日本の非正社員増加の要因分析**

九〇年代に進展した経済の国際化によって、より柔軟に活用できる労働力の需要が増加したという①企業の労働需要（企業の採用方針の変化）と、若者や共働き世帯など、自分や家族の都合を優先して働ける働き方を望む労働者がふえたという②供給要因のふたつが考えられる。

どちらの要因が重要なのかをみるために、シフト・シェア分析という手法を使って、九二年から〇二年にかけてのパートタイマーとアルバイト労働者の増加を要因分解した。その結果が図表Aである。

図表Aをみると、九二年から〇二年までのパート・アルバイト比率の上昇のほとんどは、企業の採用方針が変化したことによる需要要因によって説明されることがわかる。

ただし、アルバイト労働者に比べて、パートタイマーでは供給要因の寄与率が大きく、三割は供給要因によって説明できる。家族のニーズに合わせた働き方をするためにパート就労を希望するひともふえている。

もっとも興味深いのはアルバイトである。供給要因がマイナスになっている。これは従来アルバイトを選びやすい年齢層（一〇代）の雇用者数が減少していることによる。そして、一〇代のアルバイト数の減少を補っているのが二〇代である。二〇～二四歳層の雇用者数は一六三万人減少しているのに対して、アルバイト数は逆に五一万人増加している。
この一〇年間で一五歳から二四歳の労働者数は二三八万人減少しているにもかかわらず、この年齢層でのアルバイト数は三〇万人増加しているのである。一〇年前に比べて、この年齢層で、正社員の就業機会が大幅に減少し、アルバイトが大幅に増えている。

注
(1)一〇カ国を対象として、シフト・シェア分析という手法を用いてえられた結論である。詳細については、右のコラムを参照のこと。

第4章

# 働くことに対する意識の変化

一国の経済の豊かさをあらわす指標として用いられるのが国内総生産（GDP）である。これに対して、国民総幸福量（GNH：Gross National Happiness）という指標を自ら開発して、その一位がわが国であると宣言した国がある。インドと中国にはさまれ、豊かな森や山に囲まれた国、ブータン王国である。

そこを最近訪れた人に、ブータンで出会ったもっとも貧しい親子として見せてもらった写真がある。そう言われてよくみれば、着ている衣服や顔や手が汚れている。しかし、そう言われなければ、見過ごしてしまう。その程度の貧しさである。

他方、日本のGDP（国内総生産）は世界第二位の規模にあるが、二〇〇〇年の世界価値観調査では「自分が幸せと思う人」の比率で第二九位。ベトナムやフィリピンよりも下位に位置する。経済が成長し、お金の面では豊かになったかもしれないが、それと幸せ度は逆比例しはじめている。合理化で企業の業績はあがっても人員削減で従業員への負担はむしろ高まっている。また、会社に残れたひとも過重労働でストレスをためている。

労働基準監督署にサービス残業代の是正指導を受けて追加残業代を一〇〇万円以上支払った企業は〇三年で一一八四社。その総額は約二四〇億円にのぼるという（「朝日新聞」、二〇〇五年四月二日）。自殺者は三万人。不安やストレスをかかえて心療内科に通うひとは、三五～四四歳の男性では、三八〇〇人。九六年から〇二年にかけて約三倍に増加している。

また、生活保護に頼るひとも増え続けている。〇四年には制度発足以来はじめて一〇〇万世帯をこえた。

これらの数字は、経済発展を最優先してきた日本の社会制度の限界をはっきりと示しているのである。

いままでの延長線上に未来を描けなくなったいま、経済の発展がわたしたちの生き方にも潤いを与えてくれる新たなしくみ作りが必要になっている。

## 日本人の意識の多様化

東京工業大学の今田高俊氏は、九五年に実施された社会階層に関する調査（ＳＳＭ）データを分析した結果、八〇年代以降のポストモダン社会において、日本人の意識に大きなふたつの変化がおきていることを指摘している（今田、一九九九）。

そのひとつは、ひとびとの社会的関心が、ものを「所有する」ことから自分自身の生き方を問う「存在」にシフトしているということ。そして、人々の価値観が物質的な生活の満足よりも、自己実現といった自分の「生き方」を重視する方向に変化してきているというのだ。

ひとびとが心の豊かさを求めるようになると、生きる意味をさまざまな形で追い求めるようになる。それが価値観を多様化させる。具体的には社会的な地位の達成だけではなく、「他人に自分を認めてもらいたい。利己的な関心を超えて人との交わりをもちたい。親密な人間関係やコミュニティー感覚をもちたい。内面生活を豊かにする時間や機会がほしい。人への配慮や気遣いを大切にし

くる。

自身の存在を問うようになると、人生の成功ということに対しての価値観も一様ではなくなってくる。

一般に、高い職業的地位や高い収入、高い学歴、多くの財産を有するといったことによって社会的な地位が達成され、社会の序列が決まる。したがって、こういった社会の序列のなかで高い地位の達成を目指すというのが成功のひとつの形である。

しかし、社会的な序列のなかでの地位達成とは異なり、関係的な地位達成を求める人々もふえている(今田、前掲論文：一三頁)。今田氏は、これが八〇年代から九〇年代にかけての日本人の階層意識の多様化の背後にみられるもうひとつの特徴であるという。

ここでいう関係的な地位とは、家族から信頼と尊敬を得ること、社会参加活動で力を発揮すること、余暇サークルで中心的役割を担うことなどによって達成されるものである。

今田氏の分析の結果では、ひとびとの価値観は、社会的な序列における達成的地位を志向するグループと関係的な地位を志向するグループのふたつにはっきりと分かれる傾向があり、その比重は二対一で社会的な序列における地位を志向するひとの方が多いという。

つまり、全体的な傾向としては、達成的な地位志向が強いが、若い人を中心に、この関係性における達成を志向するものの割合がふえているのが、日本の最近の特徴であるという。また、このような価値観には性差があまりみられない。つまり、男性のほうがより達成的な地位にこだわるとか、女性のほうが関係性における地位達成を求めるというわけでもないらしい。

九八年にNPO法(特定非営利活動促進法)が出来て以来、NPO法人は〇五年一一月三〇日時点で、二万四三七六団体存在し、地震や雪などの自然災害にあった地域に、ボランティアのひとがいち早くかけつけてひとびとの救済にあたっている。

また、自分の住む地域をよくしようと、地域に根ざした地域のためのビジネス(コミュニティービジネス)を立ちあげるひともふえている。そこで働く人たちに、その動機を聞いてみると、事業の理念に共感したからがもっとも大きな動機として挙げられており、仕事から得られる満足としては、ひととのつながりを挙げる人がもっとも多い(国土交通省、二〇〇四)。

たしかに、日本でも今田氏のいうように、「関係性における達成」を志向し、そこに働くよろこびを感じているひとがふえている。今田氏は、その背後に、達成的地位(社会的な地位の達成)にこだわりすぎることで生じる家族の崩壊やコミュニティーの衰退、さらには環境の破壊など負の側面が近代化とともにあきらかになったことがあるのではないかとのべている。

第2章では、バブルの崩壊後、中高年のサラリーマンにもリストラのメスがいれられたことを述べた。八〇年代から九〇年代にかけて、働くわたしたちを取り巻く状況は大きく変化した。こういったことも、若いひとびとのはたらくことに対する価値観に大きな影響を及ぼしているのではないだろうか。

以下で紹介するのは、フリージャーナリストで、いまよく耳にするローハス(LOHAS)という概念をはじめて日本に紹介した木村麻紀さんがメールマガジンに寄稿した文章である(1)。同僚の過労死を通じて「働き方」や、社会のあり方について考えるようになった経緯が書かれている。

記者となって二年目を迎えた一九九六年四月、私は同じ部署の先輩だった男性記者を過労死で亡くしました。身近な人を亡くした経験がなかったため、初めて死んだ人の顔に接したこともショッキングでしたが、これから自分が生きようとしている仕事はかくも過酷なものなのかと愕然としたのを今でも覚えています。亡くなった先輩は人一倍熱心かつ優秀な記者で、取材先からの信望も厚かったようです。そのせいか、参列した葬儀の席上で彼の仕事ぶりをたたえる数々の弔辞を聞きながら、ふと「彼はもっと仕事がしたかったかもしれないけど、これまでやってきた仕事に悔いを残さずに死んでいったんじゃないかな」とも思いました。

でもその直後、当時一歳になったばかりの息子さんを抱きかかえながら先輩の遺影を呆然と見つめる奥様の姿を目にした時、「やっぱり彼は死んじゃいけなかったんだ」という気持ちが徐々に、そして確実に強くなるのを感じたものでした。仕事と人生との結び目を意識した最初の出来事だったかもしれません。

その後、私は長野県に移って三年間の記者生活を送りました。その間、事件などに遭遇して月一〇〇時間以上の残業を数回経験しました。自分なりにできるだけ納得した仕事をしたいという思いもあるので自ら同意している側面があるのは否めませんが、そんな気持ちとは反対に体はしっかりSOSを出します。

（中略）

その時に痛感したのが、今思えば当たり前かもしれない「自分を守ってくれるのは組織じゃなくて自分自身なんだ」ということ。同時に「この仕事は本当に私にしかできない仕事だろうか」と一度仕事と自分を一気に突き放し、このようなことを思わせてくれる他者（身内、友人、医者、誰でもいいです）を身近に持つことがいかに大切かも思い知りました。

タフな時期もあった長野での三年間は一方で、これまで見たこともないような雄大で穏やかな自然環境やその恵みがもたらしてくれるおいしい食べ物やお酒（‼）、そして何よりも自分の力を信じて精力的に仕事に取り組む多くの素敵な人たちとの出会いをもたらしてくれました。より人に温かい介護のあり方を探る情報誌を発行する会社を始めた女性コンビ、子供のための体験農場作りを目指して農業を始めた男性ｅｔｃ……。

その仕事はどれも決して楽ではないはずです。それでも彼らが生き生きとして見えるのは、様々な分野で当然視されている考え方にとらわれることなく、自分にしかできない仕事で今の世の中をもっと生きやすくしたいという共通の思いに支えられているからでしょう。彼らの姿は私に「仕事が幸せじゃないと、人生幸せにはならない」という思いを強く抱かせました。そして、私自身もそうした人々を知らず知らずのうちに取材対象とするようになっていました。

（中略）

今日の私たちを悩ます様々な問題の根本的な原因は、貧富格差の温存や環境破壊、そして根強い差別意識などが生む人間の荒廃ではないかと感じることがよくあります。そこで、オルタナティブ・ワールドとは、こうした人間の荒廃の温床となっている様々なレベルでの勝敗を伴った従属と依存、排除の関係（例えば、それは「国家や組織と個人」であったり、「男性と女性」「大人と子供」「人間と動物」「先進国と発展途上国」となる)を、誰も大勝ちすることのない、水平な共存関係に変えることでもたらされる世界なのではないかと考えてみました。そしてそれは、私たちの次の世代に自信を持って引き継げる社会や生き方でもあるはずです。

哲学者の野矢茂樹氏は、働くことの意味を、以下のように表現する。

自分のやっている仕事にどういう意味を感じられるかということはものすごく重要です。お金を稼ぐことにしか意味を感じられないと、自分の仕事が貧相におもえてくる。仕事にどういう意味を感じられるかということを考えた時、不可欠なのは他のものとのつながりだとおもうのですね。自分の仕事は何とつながっているのか。他のものとのつながりが薄ければ薄いほど、自分の仕事に対して読み取れる意味は薄れてきます。つながったものによって意味が反映されてくる。いま、つながりが失われていることも、あえて豊かさを問いたくなる背景にあるのではないでしょうか(伊礼他、二〇〇五:六一頁)。

## 若者の働くことに対する意識の変化・多様化

若い世代の変化をひとことでいうと、なぜ働くのかその意味を問うひとがふえてきたことにあるのだろう。それが、「ものの豊かさ」よりも「心の豊かさ」を重視する若者をふやしているようにおもう。

図表4-1は、「ものの豊かさ」と「心の豊かさ」のどちらを優先するのかについて、年齢別にみた結果である。「今後の生活において、ものの豊かさか心の豊かさに関して、あなたの考え方に近いのはどちらですか」という質問に対して、「物質的にある程度豊かになったので、これからは心の豊かさやゆとりのある生活をすることに重きをおきたい」と答えたひとが「心の豊かさ」を重視するひととして分類されている。

興味深いのは、八〇年と〇三年との変化である。どの年齢層でも〇三年には「心の豊かさ」を重視しているひとの割合が「ものの豊かさ」を重視しているひとの割合を大きく上回っていることである。この二〇年のあいだに物質的な豊かさから精神的な豊かさにひとびとの関心が大きくシフトしていることがわかる。

なかでも二〇代の変化が顕著である。八〇年では、二〇代から四〇代までの男性のあいだで、「心の豊かさ」よりも「ものの豊かさ」を重視しているひとの割合が多くなっていた。ところが、〇三年ではすべての年齢層で心の豊かさを重視するひとの割合がものの豊かさを重視する人の割合を上回っている。


つぎに紹介するのは数年前に、わたしが「働き方を変える提案」をした記事を読んでくれた読者から新聞社経由で届いたメールである。

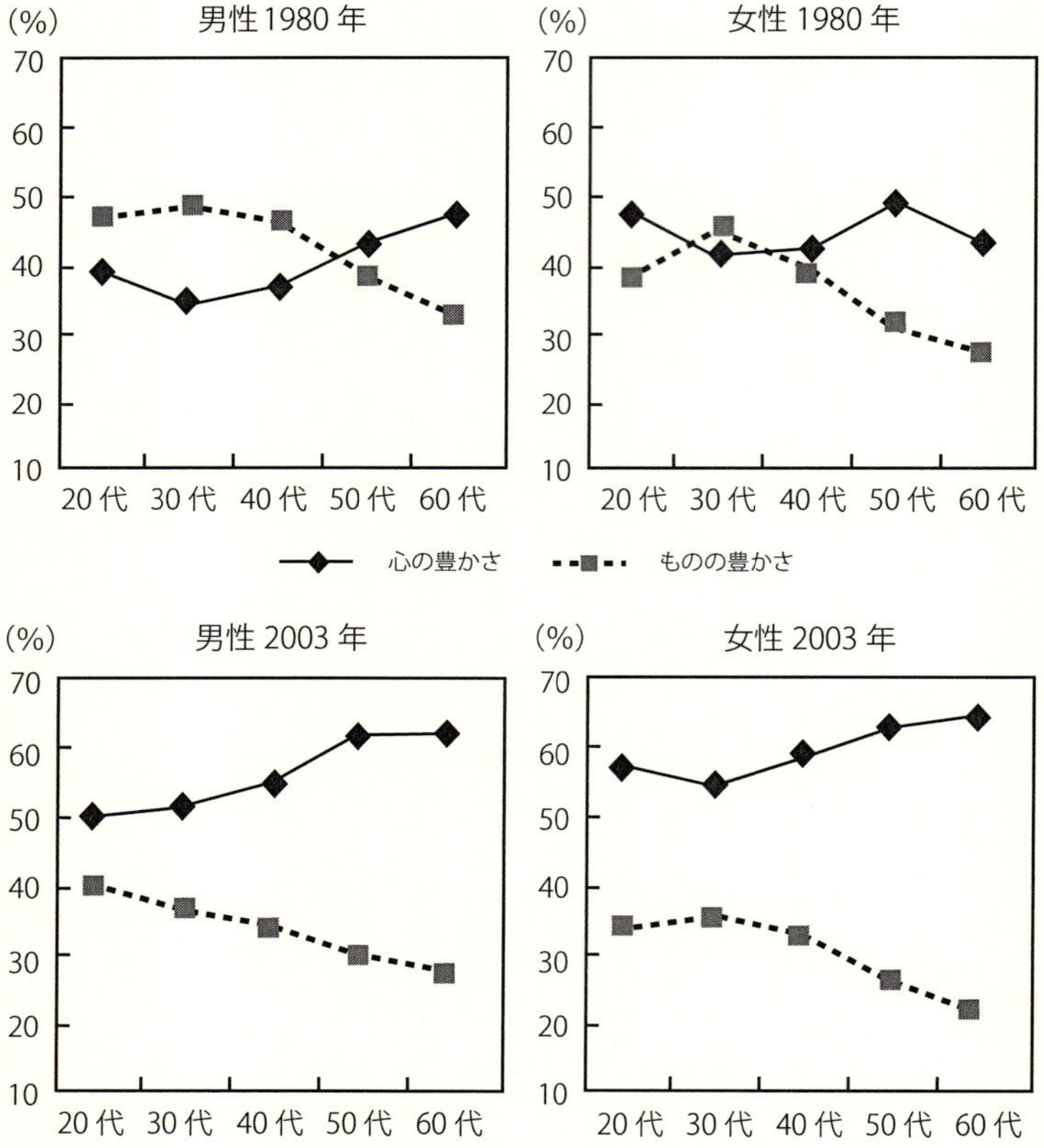


（備考）「今後の生活において、ものの豊かさか心の豊かさに関して、あなたの考え方に近いのはどちらですか」という問いに対する回答者の割合。「心の豊かさ」は、「物質的にある程度豊かになったので、これからは心の豊かさやゆとりのある生活をすることに重きをおきたい」と回答した人の割合。
2003 年：全国 20 歳以上の者 1 万人に対して個別面接聴取により調査（有効回収数 7,030 人（70.3％））
出所：内閣府「国民生活に関する世論調査」
出典：橘木俊詔『脱フリーター社会』（東洋経済新報社、2004 年）

図表 4-1　「心の豊かさ」と「ものの豊かさ」についての意識の変化（男女別・世代別）

僕は大学卒業後、ニュージーランドに行く予定でした。でもいろんな事を考え就職しました。そして三か月でやめてしまいました。その理由(世間の人は僕に対していいわけと言うけれど)の一つに無駄な残業がありました。

確かに新人は僕一人、上司からの期待もわかります。でも入って二日目から残業。そして上司の半強制的な押しつけ、例えば朝早くからきて仕事の知識を勉強しろ、だとか、終業時間になってもみんなまだ残っているので残業しろとか、僕は毎日が楽しくなくて嫌でいやで仕方がなかった。働く喜びだとか楽しさなどわからず、休日も家に引きこもりがちになりストレスはたまるいっぽうでした。

二か月半後、僕は過呼吸になりました。はじめて自分に自信をなくし生きている意味などないと思いました。そして、三か月後会社をやめました。やめる時上司や職場の人は執拗にとめました。そして上司はやめた次はどうするんだ、今逃げると逃げ癖がつくぞとか、周りの人にどれだけ迷惑がかかっているのかわかっているのかなど今になればなんとか理解できることですがその時はただただやめたいだけでした。

でもその選択に決して後悔していません。

中小企業には残業はつきもの、実際僕が勤めていた会社は四人で多数の取引先をふりわけていたので一人一人にかかる負担は相当大きかった。その悪条件の労働に耐えなければならない。皆耐えているんだという考えはおかしいとおもいます。そこで僕は、賃金は少し劣るが責任や仕事は同等というパートタイマーを雇えばいいのではと思いました。

数か月前、オランダのパートタイム制度（仕事も責任も同等で保険もあり、ただ賃金が少し劣る）をテレビで見てこれなら心のゆとりが生まれるだろうなと感じました（著者注：原則として賃金は正社員と同じ）。

僕は、大学の時、一年間ほど外国人に日本語を教えるボランティアをしていました。彼らのほとんどが日本は技術は文句なしに世界でもトップクラスだけど、心のゆとりはとても乏しいとくちをそろえて言っていました。

僕の理念は自分のしたい事、趣味や生涯教育などに比重をおき、仕事はあくまでも生活のためで心のゆとりを求めるのに対して、多くの日本人や僕の友達は仕事に力を入れ、心のゆとりは後回しにしている人たちがほとんどです。

もうひとつ、最近卒業生から届いたメールを紹介しよう。

先生にぜひぜひお話したいことがたくさんあります！
現実は厳しいです(-_-;)。
特にうちの会社（中小企業？）は労働が過酷すぎて……
ほとんど自分の時間がなく、いろいろ考えた結果、
私も近いうちに辞めようと決心し、転職先を探しています。
周りの皆さんには本当にかわいがってもらっているんですけどね。

そこが一番心苦しい点なのですが、自分がぼろぼろになっていくのも何か違うかなぁと思いまして。

東京で探しているので、きっとお会いできる日も近いはずです。

これらのメールを読んで、感じることはそれぞれあるだろう。にもかかわらず、あえてここで紹介したのは、若者が働くことに対して感じている疑問、あるいは、望む働き方がここに反映されているようにおもったからだ。

それは、簡単に言ってしまえば、仕事だけの人生ではいやだということだ。仕事もプライベート（余暇）もどちらも充実させたい。そのためには、仕事と余暇のバランスをうまくつけたい。ところが仕事の現場では、仕事優先の生活を余儀なくされる。それが転職を考えるきっかけになっていくのである。

図表４－２は、日本人の仕事と余暇をめぐる意識の変化をみたものである。ここ三〇年にわたって、仕事志向のひとが四四％から二六％にまで減少し、「仕事にも余暇にも同じくらい力を入れる」方が望ましいと答えるひとが二一％から三八％にふえている。そして、全体でみると、〇三年になって、仕事と余暇を両立させる生き方を理想とするひとの割合がもっとも多くなっているのである。〇五年から、日本の人口は減少しはじめた。〇七年からは、団塊の世代の退職がはじまり、職場は若返る。労働市場は若年労働力不足の時代を迎えるのだ。いやすでに人材合戦ははじまっている。ここ数年、初任給の個人間格差が大きくなっており、平均でみても初任給の水準が上昇している。

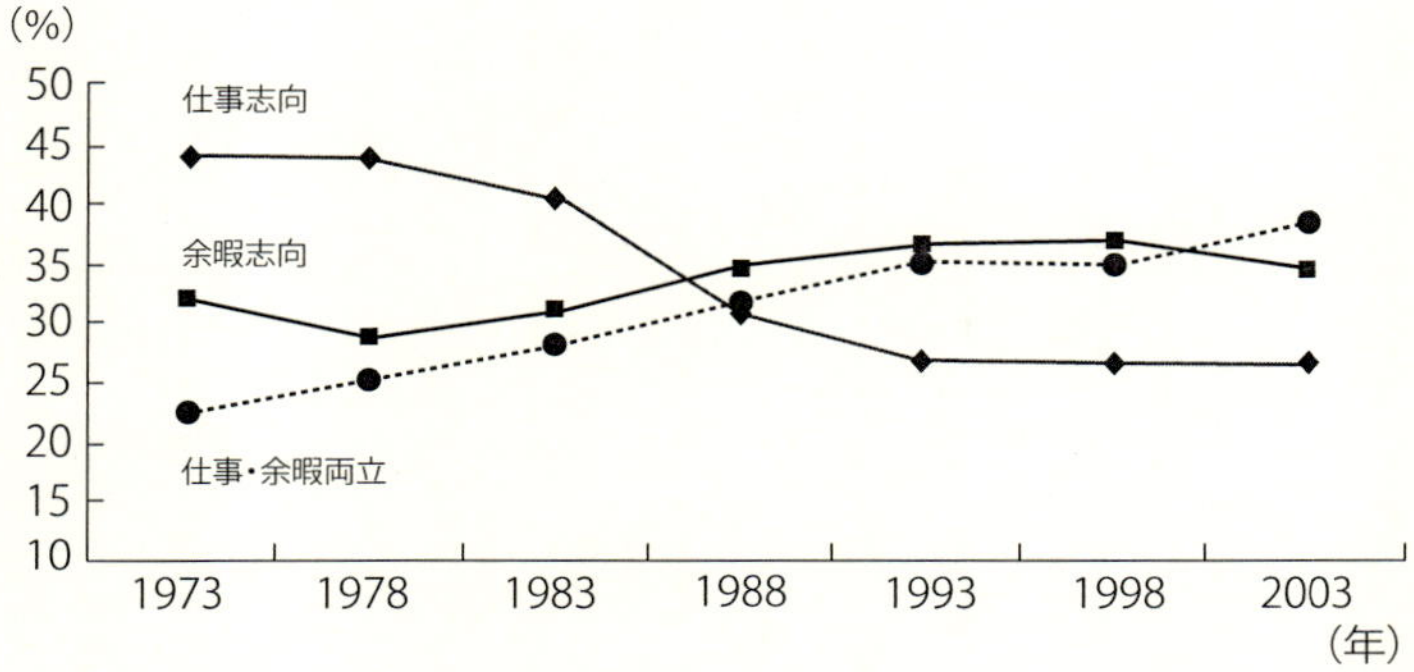


(備考)「仕事と余暇のあり方について最も望ましいと思うのはどれですか」という問いに対する回答者の割合。「余暇志向」は「仕事よりも余暇の中に生きがいを求める」「仕事はさっさと片付けて、できるだけ余暇を楽しむ」と回答した人の割合。「仕事・余暇両立」は「仕事にも余暇にも、おなじくらい力を入れる」と回答した人の割合。「仕事志向」は「余暇も楽しむが、仕事の方に力を注ぐ」「仕事に生きがいを求めて全力を傾ける」と回答した人の割合。2003 年:全国 16 歳以上の国民 5,400 人に対して個人面接法により調査(調査有効数 3,319)
出所:ＮＨＫ放送文化研究所「第 7 回日本人の意識・2003」調査報告書
出典:橘木俊詔『脱フリーター社会』(東洋経済新報社、2004 年)

図表 4-2　「仕事志向」と「余暇志向」を巡る意識の変化

人材不足にすでに市場が反応しているからである。このような変化に日本の企業がうまく対応できないと、せっかく採用した有能な人材を失うことになる。労働者が半年で退職した場合に、採用にかかった費用や教育訓練費などが回収できないために生じる費用は一人あたり約六九〇万円にものぼるといわれている。

## 変化するキャリア形成のあり方

フリーターの増加がひとびとの関心を呼ぶのは、日本の社会では、会社に入って研修を受け、実際に仕事をするなかでキャリアを形成して一人前の社会人になるのに対して、そのしくみに最初から乗れない人がふえているからである。キャリアが形成できるかできないかでは、生涯でみれば大きな差が生じる。

しかし、会社に入れば誰でもキャリアが形成されるのか。というと、そういうわけでもなくなっている。最近は大手企業で研修費が削減されている。また、会社の将来に対して不安をもつひとも多くなっている。

二〇〇〇年に生命保険文化センターが実施した調査では正社員の会社への不満の第二位に会社の将来性が挙げられていた(2)。七〇年代には、新入社員の多くが会社の将来性を重視して入社する会社を選択していた(社会経済生産性本部、二〇〇四)。ところが、いま多くの社員は、その会社の将来性に不安を感じるようになっている。

雇用を保障する責任が、会社から個人へとシフトしているからだ。会社がなくなっても、自分に雇用を確保できる能力があれば、保障は得られる。そのために、若い時に、あえて自分の能力が磨ける仕事にこだわり、派遣という就業形態で働くことを選んだり、雇用契約は不安定ではあるが、自分のやりたい仕事にこだわる若者もふえている。また、会社をやめて自分で事業を起こしたり、個人事業主として働く人もふえている。

二〇世紀は組織に囲い込まれて雇用される時代だったが、二一世紀は、決められたひとりの上司の下で働くのではなく、大きな組織のくびきを離れて複数の顧客を相手に、自分にとって望ましい条件で独立して働く「フリーエージェント」の時代がきたと宣言しているのが、ダニエル・ピンク著『フリーエージェントの時代の到来』である。ここでいうフリーエージェントとは、「(インターネットを使って)、自宅で、ひとりまたは少数で働き、組織の庇護を受けることなく、自分の知恵を頼りに、独立して社会性のあるビジネスを築き上げたひと」のことをいう。アメリカではフリーエージェントがいまや働く人の四人に一人にものぼっているという。この本が日本で翻訳され、若者を中心に広く読まれた背景には、いまのべたような自分の能力を磨いて（雇用の）保障を自ら確保していく時代へ社会が変化していることがあるのではないだろうか。

また、このようなキャリア形成の変化は、労働者を正社員／非正社員というふたつのカテゴリーに分けて論ずる時代が終わったことを意味しているのかもしれない。時代の変化のなかで、非正社員という働き方には、組織に束縛されないがゆえにもつ個人を主役にした働き方や生き方ができる可能性が秘められているようにおもえる。それが能力のある若者を起業に駆り立てたり、あえてフリーエージェントとして、組織から独立して生きる道を選ばせる理由なのではないだろうか。

そう考えると、非正社員という言葉のイメージにとらわれて、そういう雇用形態やそこで働くひとを一段低くみる見方から、わたしたちが自由になることが必要な時代になったともいえる。組織に属していれば身分が保障される。その「（正社員）神話」からの解放が求められている。そのためには、どのような雇用形態で働いても、それによってペナルティーが課されない保障のしくみが整えられることが必要なのである。

リクルートが発表した二〇一五年の予測では、中高年を中心に、このフリーエージェントがふえ、労働市場の流動化が一気に高まると予想している。その背後には、高度に専門的な知識をもった人材を外部から登用したいという企業側のニーズもある。

## 二一世紀は自己雇用の時代

「かつては企業のカンバンがないと注文はとれなかった。だが、設備や人手を必要としない知的な仕事では、もはやカンバンを必要としない」（秋山進、ＩＣ協会理事長「朝日新聞」、二〇〇五年四月二四日）。最近日本でも、会社で培った専門知識をいかして、仕事ごとに複数の企業と契約を結ぶインディペンデント・プロフェッショナルとよばれる働き方がふえている。その数は五〇万とも二〇〇万ともいわれているが、その実態はほとんどつかめていない（村田、二〇〇四）。インディペンデント・プロフェッショナルの正確な定義は、「請負または業務委託・委任契約に基づいてユーザー企業の指示に従って自らサービスを提供する人たち」（鎌田、二〇〇四）である。

経済産業省がおこなった人材ニーズ調査（二〇〇四年）をみても、五年前と比べて、専門・技術職は二七％増加しており、他の職種に比べてもっとも大きな増加となっている。人数にして三五万一〇〇〇人増加している。企業が専門性のある人材を即戦力として活用するケースがふえていることがわかる。

ニーズの高い専門・技術職の中身をより細かくみていくと、「研究開発（機械）」「ＣＧデザイナー」「インターネットコンテンツ制作」などとなっている。

また、人材ニーズの変化をみると、今後正社員の需要はそれほどみられず非正社員や個人事業主といった就業形態の雇用が増える事が予想される。

図表４‐３は、労働形態別の人材ニーズの過去五年間の変化をみたものである。これをみると、正規社員のニーズが五六・二％から四六・六％へと減少しているのに対して、個人で業務を委託する業務委託という形態の働き方は七・五％から一〇・八％へとふえている。

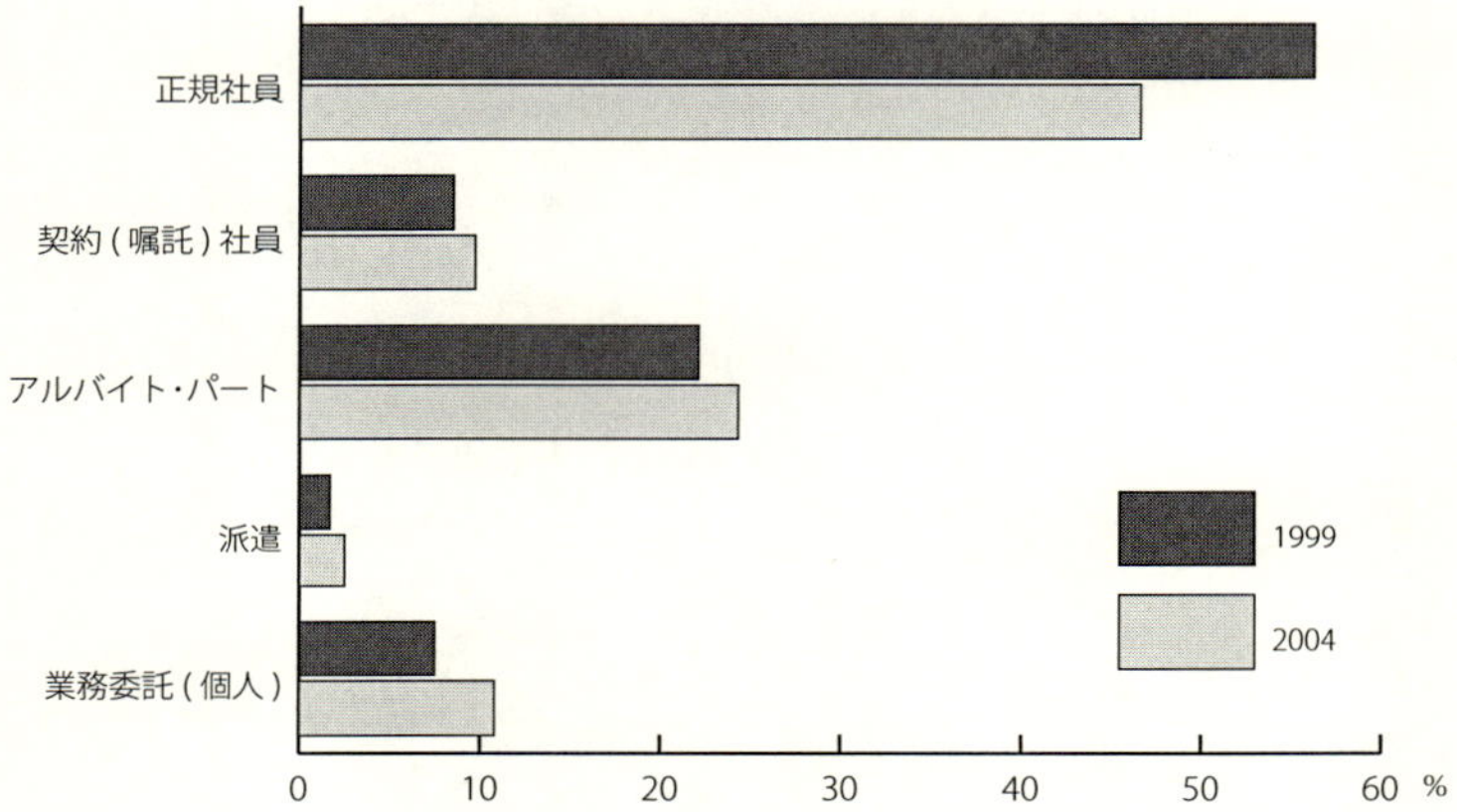


出典：経済産業省「我が国の人材ニーズ―中途採用市場における人材ニーズとミスマッチの実態」(2004年)

図表4-3　雇用形態別にみた中途採用の人材ニーズ

ひとびとの意識の多様化とともに、人材ニーズも多様化していることがわかる。これにともなって、雇用形態そのものの多様化が今後ますます起きるだろう。

ところが、この多様化に社会制度が追いついていない。しかも、正社員以外の労働市場は、労働条件や保障が十分ではないのである。そのために、自社にない専門性をもった人材を活用する目的で外部人材を採用するだけではなく、第3章でのべたように労働者を安く使うために、業務委託という形に変えて、労働者を活用する会社もふえている。

国内の規制緩和や経済の国際化の流れを受けて、コスト競争が激化するなかで、非正規労働者を活用すればコストが節約できるメカニズムが存在する。そのなかで、知らず知らずのうちに企業のコスト競争の犠牲になるものと、その大きな流れに自ら飛び込み、能力を磨いて力をつけていくものとの格差が大きくなりつつある。

**個人請負労働者の調査結果**

〇四年に労働政策研究・研修機構の周燕飛氏が、インターネット調査によって、この個人請負とよばれる人の調査をおこなっている。

業務内容は、(1)IT関係(一八%)(2)印刷・出版・通訳(一五%)(3)デザイン・設計(二〇%)(4)教育・レジャー(九%)(5)補助的業務(データ入力、家内工業、内職など)(一〇%)(6)建設・電気工事(六・四%)(7)コンサルタント業、広告・営業、金融・不動産(七・三六%)(8)その他(運輸・通信・クリーニング・販売など)(一四%)と多岐にわたる(括弧内は構成比)。

第3章では、このなかの(6)建設や、(8)運輸といった業務で外部委託がふえている実態にふれたが、もっとも多いのは、デザインや設計、ウェブのデザインやシステムを開発するIT関連の業務など、専門的な能力を必要とする業務である。

つまり、ほとんど特別なスキルを必要としない運送や補助的業務から高度なスキルを必要とする業務まであり、雇用者に比べて労働時間や年収だけでなく時間給においても格差の大きいのがこのグループの特徴である。

年収や労働時間の平均値は、正社員と非正社員の真ん中に位置し、その分布の形は正社員に似ているが、非正社員よりも分散が大きい。すでにのべたように、かれらは平均値だけでは判断できない労働者でもある。

このような就業形態を選んだ理由のトップが「自分の生活スタイルに合わせて自由に仕事がしたかったから」、次が「いままでの経験・知識や資格を活かしたかったから」となっており、収入以外の理由でこの就業形態を選んでいる点が興味深い。

ちなみに、正社員や非正社員では「収入を得たかったから」がもっとも多い回答になっている。さらに個人請負では雇用就業者に比べて、リスクを取ることをいとわない「リスク選好型」労働者の割合がやや高く、かつそういった労働者ほど収入が高くなっている。逆に、個人請負業務のなかでの「リスク回避型」労働者の収入は低くなる傾向があり、数字でみると二一・五％も時間あたりの収入が下がっている。

個人請負労働者のなかには専門能力を活かして複数のクライアントをもって知的業務をおこなう高収入のリスク選好型の個人事業主も含まれている。アメリカでは、この分野の就業形態の拡大が九〇年代の景気の回復を支え失業の抑制に寄与したといわれている。

このように個人事業主（あるいはインディペンデント・プロフェッショナル）という働き方は大きな可能性を秘めているのであるが、雇用保障や社会保障などの規定がなく、労働条件なども市場の需給関係に影響されやすい。そのために、仕事にやりがいを感じ、組織にしばられずに働けることには満足しているものの、労働条件や収入に不満を感じているひとが多い。そのことが、調査の結果からもあきらかになっている。

ある講演会で、参加者からこう質問された。

「勇気をもって自分の好きなことをやれとよく言われます。そのアドバイスにしたがって、会社を辞め、フリーの仕事をしています。でも会社を辞めた途端、保障を失い、報酬も減ってしまいました。好きなことをやろうとすればするほど、貧乏になってしまうんですが、どうしたらいいのでしょうか。」

わたしたちは、これからは自己雇用の時代だ。自分の好きなことをやれと若いひとにアドバイスしている。しかし他方で、好きなことをやったら保障もなく、報酬も少ないしくみを作っている。この矛盾にはまって身動きがとれなくなってしまったのがニートたちとは言えないだろうか。

## 日英のニートの違い

ニートというのは、Not in Education, Employment or Training という言葉の頭文字をとったもので、九七年にイギリスで生まれた言葉である。「学業、職業に就かず、職業訓練も受けていない者」のことをいう(3)。イギリスに在住するメディアリサーチャーの黒川育子さんに、イギリスのニートについて聞いてみた。以下が黒川さんからいただいた回答である。

日英のニート、かなり違うようです。

こちらのニートはまず、年齢幅が狭く一六~一八才の若者です。この年齢の人口のざっと九%がニートと見られています。殆どが、disadvantaged(恵まれない)の環境に育ち、義務教育を終えず、従って、まともな読み書きもおぼつかず、low skill（スキルが低い）のため仕事に就けない。モノを作っている時代には、アカデミックでない子供たちの働く場があったのが、工場がなくなって働き口がないのです。

或いは、こちらでも離婚率が高いのですが、離婚後、新しいパートナーを得た親に家を追い出され、友人宅を転々としているうちにホームレス（Sofa Surfer と言うそうです）になり、アル中や麻薬中毒になって社会の落ちこぼれとなる。親が子供を追い出すなど、日本では信じられない現象ですが、子供より自分の人生、パートナーとの生活の邪魔になれば、追い出してしまうのだそうです。

また、女子のニートの多くがシングルマザーです。今回の取材でも、親と上手く行かなくなった女子が子供を産めば、福祉で住宅をあてがってもらえるという理由で、妊娠したという話を聞きました。

イギリスは階級社会の名残がまだありますが、ニート問題はワーキングクラスの問題と言って良いと思います。ですから、社会全体がニート、ニートと騒いでいるようなことはなく、この言葉すら知らない人の方が多いでしょう。

イギリスのニートはスキルがないために働けない若者。他方、日本のニートは、生き方に迷い、外の世界に一歩足を踏み出せない若者。社会全体が、時代の変化を認識し、若者の自立を後押しし、いつでもやり直しができる社会を作っていく必要があるのである。

わたしがアメリカに留学していたころは、大学を卒業したあとは、すぐに大学院に入り、スキルを磨くことが当たり前だった。最近は、大学卒業後、しばらく冷却期間をおくように、大学が勧めているらしい。二～三年、インターンとして研究機関で働いたり、あるいはボランティア活動をしたりして、社会経験を積むことの重要性が認識されるようになったのだという。

## わたしが会ったニート

日本が自己雇用の時代になり、キャリア形成が個人の責任になったときに重要なのが、社会がそこにどうかかわり、手を差しのべるのかということだろう。ニートやフリーターを論ずる際には、だれがニートやフリーターになるのかということよりも、スキル形成を手助けすることの方が重要になってきているようにおもう。

そう考えるきっかけになったのは、ハローワークで、あるひとりのニートと出会ったことにある。わたしが出会ったニートは、いま社会で言われているニートとは、異なったタイプのニートである。生きることの意味について深刻に悩んでいるわけでもなく、ひきこもっているわけでもない。能天気に毎日を過ごしている(ようにみえた)。そこらにざらにいるごく普通の若者である。普通と違うところがあるとしたら、唯一、仕事をしていないことだろう。その彼がなぜいまハローワークを訪れたのか。彼の話を聞いていただこう。

長身で、茶髪の若者がハローワークの壁際に身をもたせて、所在なげに部屋の隅に立っていた。

しばらく髪を染めていないらしく、生え際の方は大分黒くなっている。近付いていって声をかけた。

「ちょっと話を聞かせてくれる?」

「いいすよ。」

いつものように、学校を卒業してからいままでの経緯を話してもらった。中学校を卒業して専門学校に入り、ギターのピッキングという仕事をしていた。ある日仕事のミスがあり、職場の先輩からおこられた。悪かったのは自分だが、その注意のされ方にむかついて、仕事を辞めた。勤めたのは一年程度。それからどうしたの?と聞くと、

「いやちょっと。あまりひとに聞かれたくないことなので……」と言いよどんで後が続かない。

ここでわたしはテープを止めた。そのため、このあとの会話は録音されていない。

彼は、ホストクラブのホストをしていたのだ。長身で金髪。たしかにそういわれてみると、そうかという感じではある。ところで、ホストにはどんな苦労があるのだろう。

彼によると、苦労したのは、会話とお酒であるという。お客さんの機嫌を取るのが仕事なのに、口べたなので、なかなか会話が続かない。そして、もうひとつが、お酒を飲むこと。この仕事はお酒が飲めないと勤まらないが、彼はお酒に強くない。初日、仕事をはじめたときには四階にいた。ところが朝、目が覚めたら二階にいる。この間の記憶が全くない。

そうこうしているうちに、彼女ができた。彼女はキャバクラで働いている。つきあっているうちに、親密な関係になり、ある日、彼女の家に呼ばれ、お父さんに紹介された。

「それで?」

「俺、気に入られたらしいんですよ。お父さんに。」

「よかったじゃない。」

「娘と結婚を前提につきあってくれっていわれちゃって。」

それでめでたし、めでたしといかないのは、彼に定職がないこと。

「彼女にその前に仕事探してくれっていわれて。仕事がなきゃ結婚しないっていうんですよ。」

「困ったわね。それでハローワークに来たんだ。」

「俺いま、崖っぷちに立っているような心境ですよ。」

といいながらちっとも差しせまって見えないところが現代の若者らしい。

彼がいま切実に求めているものは定職につくために必要な職業能力。それがなければ、定職につくことも結婚して家族をもつことも難しい。昔は、それを会社がやってくれた。いまは、会社はやってくれない。キャリア形成は自己責任の時代になったからだ。社会が手を差しのべなければ、彼はしあわせな生活を手に入れることはできないだろう。

注

(1)仕事と社会のこれからを考えるメールマガジン「きゃりあ・ぷれす」に〇二年七月三日に掲載された。
(2)二〇〇〇年に生命保険文化センターが実施した「ワークスタイルの多様化と生活設計に関する調査」によると、正社員の仕事の満足度は公務員、派遣業、パート・アルバイト、自営・自由業といった就業形態に比べて低くなっているだけではなく、その不満の理由の上位五位についてみると、第一位が年間収入額(五一%)、第二位が会社の将来性(三一・五%)、第三位が休日・休暇(二八・六%)、第四位が退職金・年金(二七・五%)、第五位が労働時間(二六・七%)の順となっている(佐藤、二〇〇四)。

(3)日本では、ニートとは、①高校や大学などの学校および予備校・専門学校などに通学しておらず、②配偶者がいない独身者で、③ふだん収入を伴う仕事をしていない一五歳以上三四歳以下の個人のことをいう。

第5章

# 経済のグローバル化と社会制度

私たちはニューエコノミーの単なる道具でもなければ、その技術的トレンドの奴隷でもない。もし望むなら、私たちは成功の基準を評価し直すことができる。よりバランスのある生活を選ぶことはできるし、よりバランスのよい社会を作ることもできるのだ。

一番の問題は、私たちが本当にそれを望むのかであり、そしてその大きな選択をみなと一緒に行うのか、暗闇の中で独り取り組むのか、である。

ロバート・B・ライシュ『勝者の代償』

「より人間的に、よりナチュラルに、素顔のままで新世紀を歩き始めましょう。それが岩手県の理想とする『がんばらない』姿勢です」。二一世紀のはじめに、岩手県がこう「がんばらない宣言」をして話題になった。

これに対して全国から反響が届き、その多くは、共感したとか同感だといった好意的なものだったという。しかしなかには、「がんばる人にがんばるなというのか」といった質問や「がんばることは悪いことなのか」といった疑問も出されたりしたらしい。たしかに、このメッセージに共感し、もっとゆとりをもって毎日を送りたいとおもう反面、なぜそれをあえて「がんばらない」という言葉で表現しなければならないのか、わかりにくい面もある。

わたしはこのメッセージをこんなふうに読んだ。岩手県のこの宣言は個人ががんばることを否定しているわけではない。まわりを見回してみると、みんながんばって、一生懸命生きている。にもかかわらず、あえて「がんばらない宣言」をした背景には、日本の社会のなかで「がんばる」という言葉に象徴されている価値観をもういちど見直そう、というメッセージが隠されているのではないか、と。

「がんばる」という言葉が象徴するもの。それは、国の発展という目標を第一におき、そのために、それ以外（例えば家族や自分の自由時間）のことを犠牲にするのはやむをえない、という発想だ。もちろん本音をいえば、だれだって、そんなことはしたくない。でも、それをやらなければ日本の経済は発展しない。社会は豊かにならない。だから、まずはみんなで力をあわせて「がんばろう」。この合意のもとに、日本人は個人の生活よりも国の発展、あるいは会社の発展を優先させることをよしとする価値観を形成していった。

その結果、日本は高度成長をとげ、世界第二位の経済大国になることができたのである。しかし、そうやって一生懸命生きてきた結果、疲れ果ててしまったのである。多くのひとが日々の生活にストレスを感じるといい、心のゆとりがないとおもっている。また、そのことが人間関係を必要以上にギスギスしたものにしてしまっている。経済の発展が、わたしたちの生活を潤すメカニズムが、日本社会のシステムのなかにうまく作られず機能していないのだ。

岩手県の「がんばらない宣言」は、この価値観を見直そうということなのだと、わたしは解釈した。

## 長時間はたらくことが経済を発展させるのか

しかし、心のゆとりをもって生活するということは、そのためには、経済の発展をある程度犠牲にすることにつながるのだろうか。また、わたしたちはそれによって、経済的なゆとりを失うことを意味しているのだろうか。経済的な豊かさも時間的なゆとりも両方えることは、できないのだろうか。

わたしたちは、日本人がこれだけ一生懸命がんばったから、日本は豊かになったと考えている。たしかに日本は世界で第二位の経済規模を誇っている。しかし、日本の労働者の生産性はそれほど高くない。統計をみるとわかるのだが、二〇〇二年では、ＯＥＣＤ諸国のなかで、日本のＧＤＰ労働生産性は一八位。スペインやスイスと並んでおり、先進諸国のなかでは下位にある(社会経済生産性本部「労働生産性の国際比較二〇〇四年版」)。

わたしたちは、もの作りに成功した。製造業では日本は世界に名だたる企業を有し、生産性を上げることで良いモノを世界中に売ることができた。しかし、日本のサービス部門の生産性は低い。経済がサービス中心の社会に移ったいま、わたしたちは生産性が低いために、長く働かなければならなくなっている。それが、がんばればがんばるほどストレスがたまる理由にもなっている。

労働時間の短い国では、生産性も高い。いま、求められているのは、労働時間を短くして、生産性を上げることで、経済を発展させる新しい方法を生み出すことなのである。そして、本書でのべているワークライフバランスは、この発想の延長線上にある考え方なのである。

これが成功するかどうかは、この「長時間労働が経済を発展させる」という考え方から、わたしたちが自由になれるかどうかにかかっているともいえる。

それと同時に重要なのが、個人の生活を犠牲にして、会社のためにつくすことをよしとする価値観を見直すことである。この考え方は、会社の人事管理制度のなかにも色濃く反映されているだけでなく、第3章でのべた、正社員とパートタイマーの定義に反映され、処遇格差の原因にもなっている。

正社員とは、必要であれば、家族を犠牲にして会社の命令にしたがう労働者であり、パートタイマーとは、個人の生活を優先して働ける労働者であるが、その分報酬は低い。賃金体系そのものが異なり、家族を優先して働くパートタイム労働者の賃金は、勤続が長くなってもほとんど上がらないしくみになっている。個人の生活を優先して働けば、ペナルティーが課されるしくみが人事管理制度のなかに埋め込まれているのである。

日本では、結婚や出産で七割以上の女性が退職する。いわゆる寿退社である。その理由のひとつだとおもわれるのが、この日本的な働き方であり、職場の長時間労働である。辞めた女性にその理由をきいてみると、体を壊して続けられなくなったといった理由を挙げる女性が結構多い。

少子高齢社会にまっさきに突入する日本では、若い人口が急速に減少する。結婚や出産による退職でペナルティーを課されるのは、女性ではなく、会社や社会になりつつある。

また、実際の職場では、共働き夫婦の増加にともなって、家族を配慮した配置転換をすでに実施

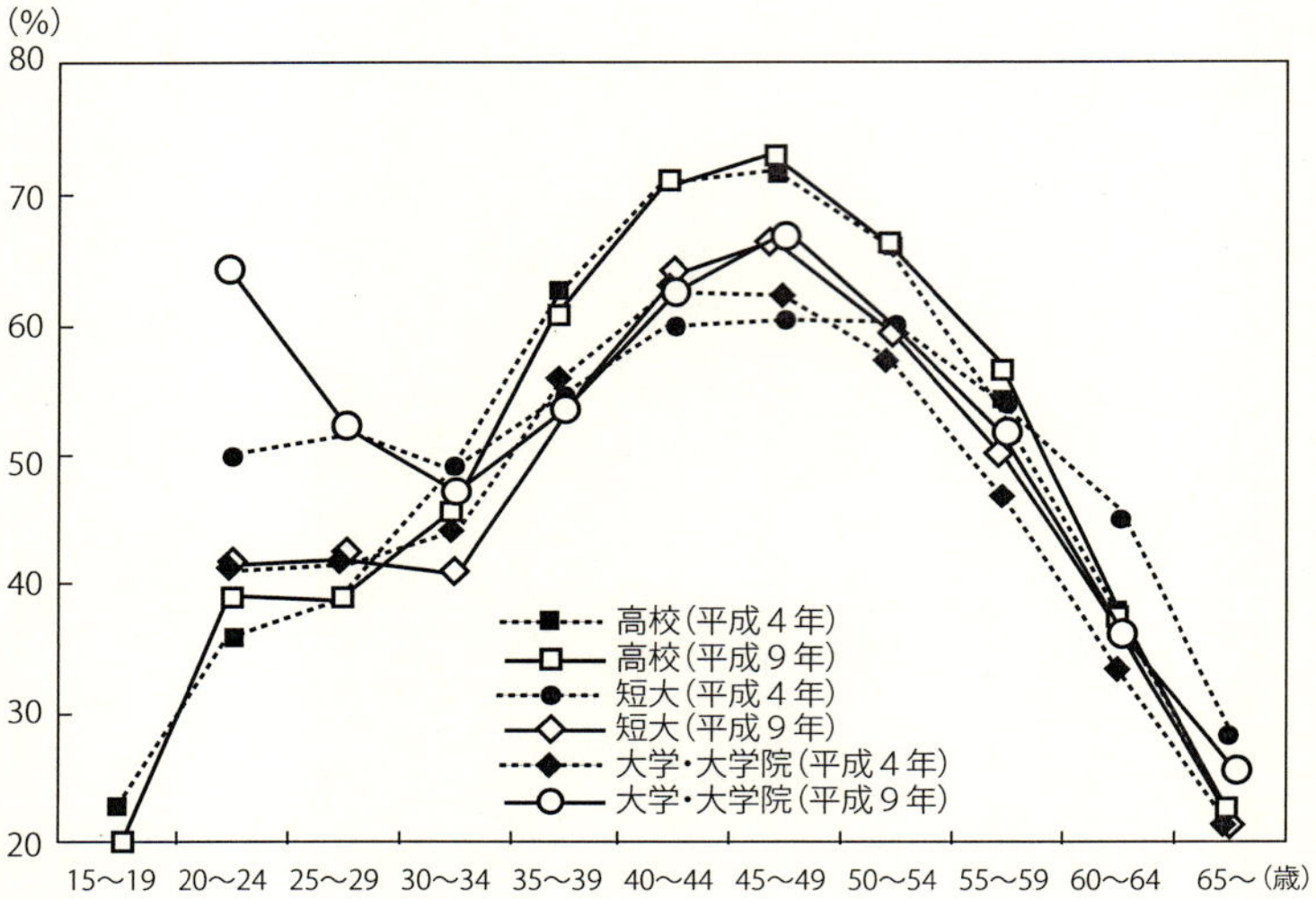


出所：総務省統計局「就業構造基本調査」（平成４年、９年）
出典：厚生労働省「働く女性の実情」平成16年版（2004年）

図表5-1　有配偶女性の学歴別年齢階級別有業率の推移

している企業もふえており、家族や自分のプライベート（個人生活）が充実していると、仕事の生産性も高いということが、さまざまな調査結果から実証されている。

わたしたちの価値観を見直し、働き方を変えることが、職場の生産性をあげ、経済成長を維持するために、重要になってきているのである。さらには、雇用形態によって処遇に差を設ける人事管理制度や労働法制の見直しも求められている。

## 見直しが必要な税・社会保障制度

長時間労働が、日本で女性労働者の退職が多いことの理由のひとつになっているとのべた。しかし、それは他の先進国にもみられる現象で、とくに日本にだけみられる現象ではない。結婚で辞める女性は少ないのだが、出産ではやはり多くの女性が一時的に労働市場から退出している。たとえば、イギリスと日本とを比較すると、出産にともなう女性の退職者の割合にはそれほど大きな違いがみられない(1)。

むしろ日本の女性労働の特徴は、女性の再就職のパターンにある。日本では高学歴の女性ほど、再就職をしない傾向がある。図表5 - 1は、学歴別にみた年齢別女性の有業率である。三〇~三四歳層では、学歴と有業率のあいだにプラスの関係がみられるが、四〇~四四歳層では、それが逆転している。

これは女性の学歴が高いほど、家庭にはいったあとに再就職する女性が少なくなっていることを示しているのである。

こういった日本の傾向とは逆に、他の先進国では、高学歴の女性ほど、就業中断が少なく、また、中断してもその期間が短い。

経済学ではこれを投資の理論に基づいて、高学歴者ほど教育投資にお金をかけているので、その分の見返りを多くしようと行動すると説明する。また、社会的な視点からみれば、教育にも、多額の税金が投入されているので、人材は国の財産であり、それを育成し、最大限活用することが必要になる。

こういった観点からも、就業継続や再就職がしやすい環境を整えることが重要になる。

しかし、なぜ日本の高学歴の女性は、他の先進国の女性とは異なっているのだろうか。日本では三歳までは自分の手で子どもを育てたいと望む女性が多く、そのこともここに影響しているとおも

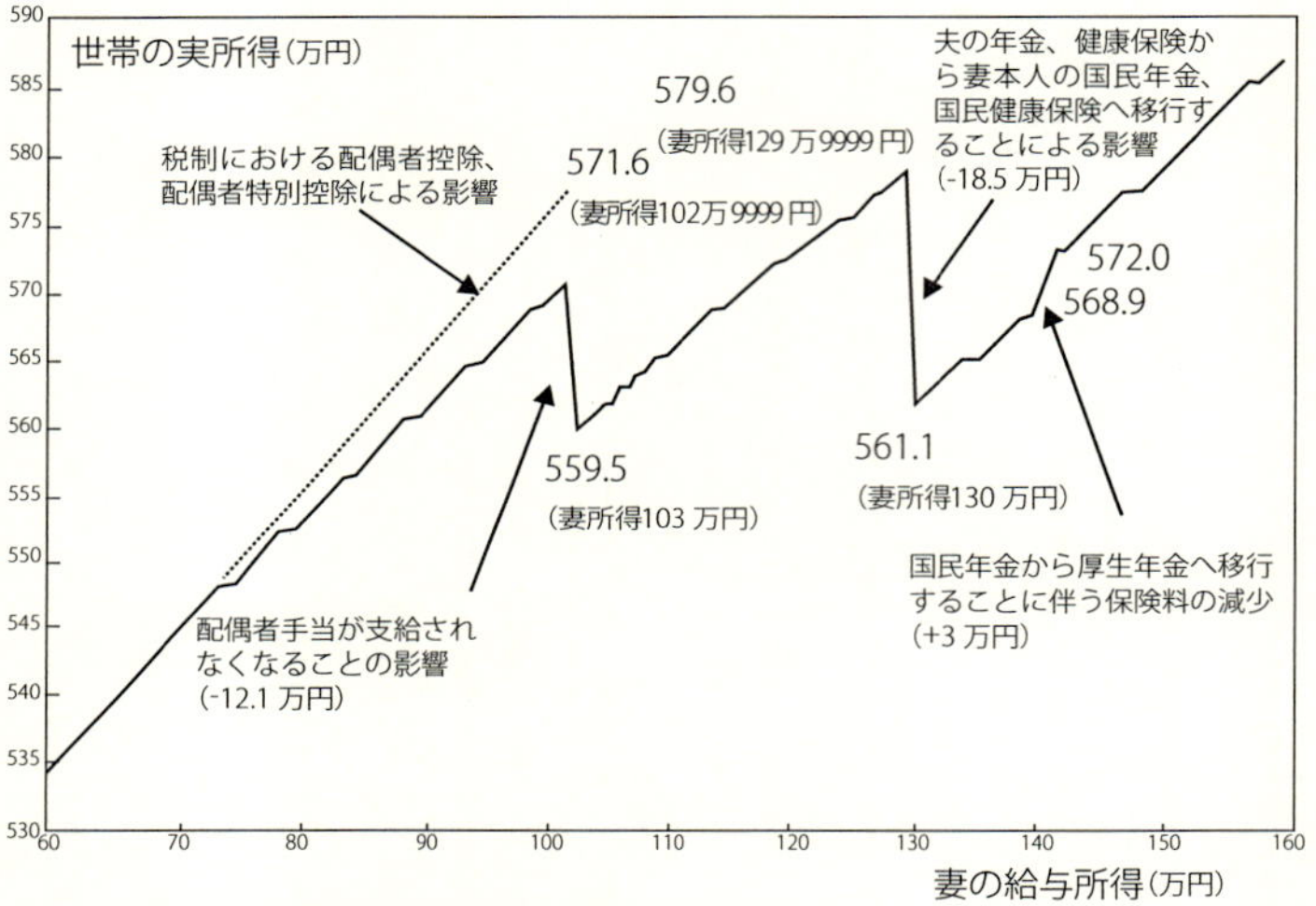


出典：経済産業省「男女共同参画に関する研究会」報告書（2001年）

図表5-2　妻の所得変化に対する世帯実所得（60万円—160万円拡大図：時給1260円の場合）

われるが、それと同時に、日本の税・社会保障制度も女性の再就職のパターンに影響を与えていると考えられている。

図表5 - 2は二〇〇〇年の制度をもとに、平均的な世帯（夫の税引き前の年収五四八万円）で、妻がパート（時給一二六〇円）で働いている場合を想定し、妻が年収をふやすと世帯の実所得がどのように変化するかをみたものである。

ここでは夫の年収を固定しているので、税制度や社会保障制度による影響がなければ、妻の労働時間がふえるにしたがって、妻の給与所得がふえ、夫婦の合計の実所得も増加するはずである。

ところが、グラフをみるとわかるようにグラフの形状は、のこぎりの歯のようにぎざぎざになっている。歯を形成しているのは年収が一〇三万円を超えたところと一三〇万円を超えたところである。このことは、この年収のところで、妻が労働時間をふやしても、夫婦の手取りの実所得は減少してしまうことを意味している。

なぜなのだろうか。

年収一〇三万円のところで、実所得が減っているのは、夫が会社から支給される配偶者手当を失うからである。これは制度というよりは、慣行であり、すべての企業が配偶者手当を支給し、この年収で支給を打ち切っているわけではない。配偶者手当を支給しているのは、日本の約半数の企業であり、そのうちの八割が非課税限度額(一〇三万円)で、支給を打ち切っていると答えている。

他方、一〇三万円の壁を形成しているといわれる配偶者控除や配偶者特別控除の影響をグラフ上でみると、この図でみるかぎり、手取りの実所得を逆転させるほどの大きな影響はない。

**コラム　配偶者控除**

配偶者控除は、一九六一年度に従来の扶養控除から独立した形で創設されたものである。その背景には、配偶者は夫婦の相互扶助の関係の中にあって子どもを扶養するように一方的に扶養する対象ではなく、専業主婦によるいわゆる「内助の功」つまりアンペイドワークの評価を税制上反映させるべきであるという考え方があったといわれる。

配偶者控除制度が適用されるかどうかは、扶養している配偶者(現状ではおもに妻)の所得額によって決まる。現行制度では、配偶者の年収が一〇三万円(所得税の非課税限度額＝給与所得控除六五万円＋基礎控除三八万円)を超えると、扶養対象配偶者とは見なされなくなり、控除の適用外となる。

つぎに一三〇万円のところで作られている壁(のこぎりの歯)についてみてみよう。この壁は社会保障制度によって作られているものである。国民年金制度のなかの第三号被保険者制度によって、妻の年収が一三〇万円を超えなければ、夫に扶養される者として年金や医療保険料を負担せずに給付が受けられるしくみが八六年から導入されている(2)。

年収が一三〇万円を超えると、自ら国民年金保険や国民健康保険に加入し、保険料を納めなければならない。また、この一〇三万円の壁は、約一六日間(時給一二六〇円で、一日八時間労働を仮定した場合)、一三〇万円の壁では約二一日の働きに相当する高さがある。

こういった制度のために、既婚女性は年収を一〇三万円あるいは一三〇万円に抑えて働くのである。これがパートタイマーの就労調整といわれるものである。実際には就労調整は一〇〇万円未満に集中しており、一三〇万円あたりで所得を抑えるひとは少ない。その理由は、年金の加入には、一般の労働者の労働時間あるいは労働日数の四分の三を超えていることが必要であり、この要件を満たす労働時間とパートタイマーの平均時給をかけ合わせると、一〇〇万円を超えない場合がほとんどだからであるといわれている。

図表5-3は、男性と女性の年収の分布をみたものである。男性はやや所得の低い水準にすそ野が広がるが、正規分布に近い分布をしている。ところが女性の場合は、五〇~九九万円と三〇〇~三九九万円のふたつにピークがあり、全体的にみると、五〇~九九万円の分布の山の方が高くなっている。

ここから、税制度や社会保障制度が女性の働き方に大きな影響を与えていることがわかるととも

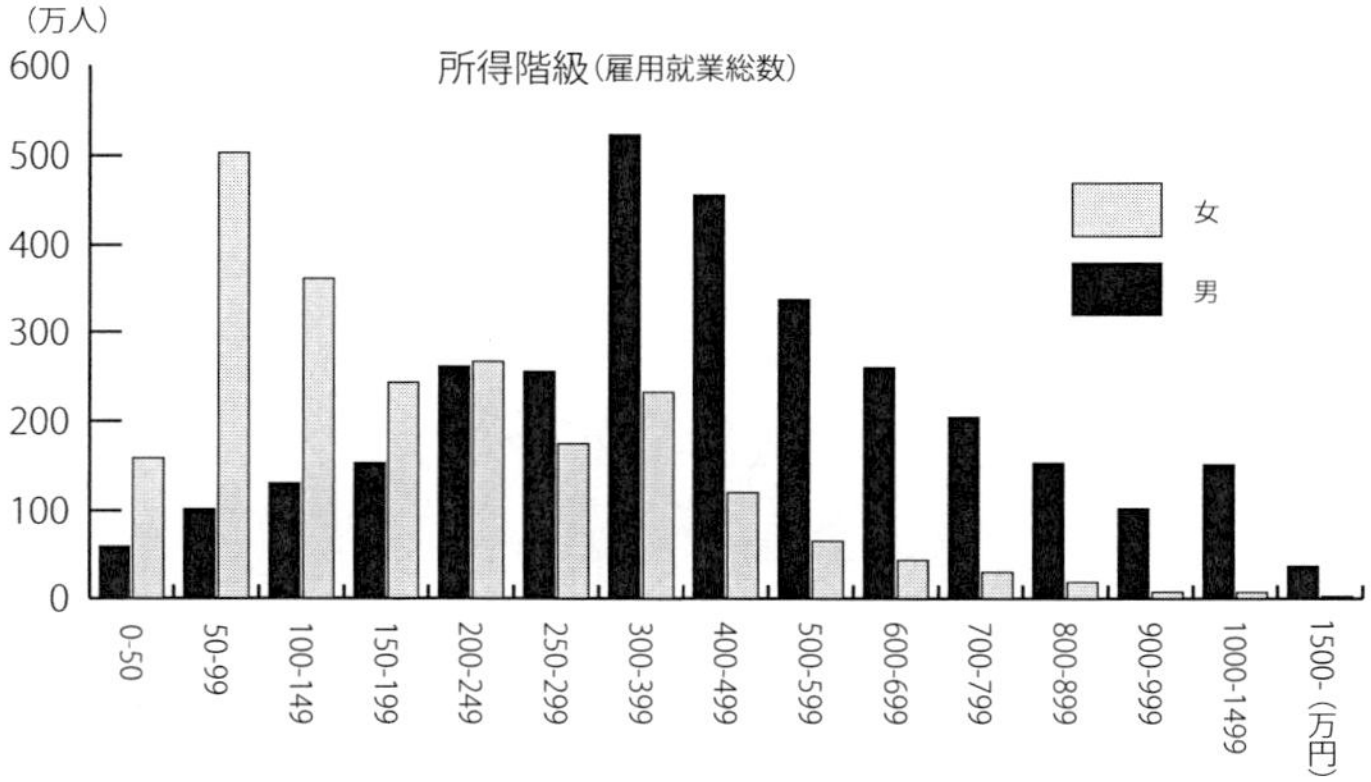


出典：総務省「就業構造基本調査」(2002 年)

図表 5-3　男女別年収分布

に、たとえ時間あたりの賃金が上がっても、現状の制度の下ではそれによって働くインセンティブを高めるよりも、労働時間を調整して非課税限度額内に所得を抑えるインセンティブの方が働きやすい。つまり制度がパート労働者の賃金の上昇を抑える要因になっているというのが、日本のいままでの研究者のあいだでの議論である。

また、再就職を希望する高学歴の女性にとっては、希望にそう労働条件の仕事が限られてしまう結果となり、就業しない選択をする女性がふえる原因にもなっている。

## 日本の税・社会保障制度は世帯単位か

このように、税・社会保障制度が女性の働き方や生き方に直接的に影響を与えていることから、働き方に中立的な制度を再構築してほしいという要望が女性側から出されていた。そのために、厚生労働省が主催した「女性と年金」の研究会では、この点についての議論がなされたが、第三号被保険者制度の見直しは見送られた。

また、これを議論する過程で、このような問題が生み出される背景に、税制度や社会保障制度が世帯単位で徴収されるしくみであることがあるとして、それを個人単位に変える必要性があることがしばしば議論されている。

しかし、日本の税制度や社会保障制度が世帯を単位として設計されているという理解は正しくない。

まず日本の税制度であるが、これは、基本的に個人を単位として設計されている。たとえば、結婚している女性労働者の場合、年収が一〇三万円を超えていれば、夫の所得額にかかわらず、本人が稼いだ所得に対して所得税が課せられる。もし世帯単位であれば、夫との合算所得に対して所得税が課せられるのであるが、日本ではそうなっていない。あくまでも本人の所得が課税ベースになっている。

他方、諸外国(たとえば、スウェーデンやオランダなど)では、課税単位そのものが世帯になっていたので、夫が高額所得者の妻の就業意欲をそいでしまうという問題が生じた(夫の高い税率が妻にも適用されるため)。それを個人単位化した結果、女性の社会進出が大幅に増加したのである(税制度改革が女性の働き方を大きく変えた例としては、スウェーデンがもっとも有名である。スウェーデンの税制度改革は七一年に実施された)。こういったケースと日本の問題は基本的に異なる。

日本の問題は、課税単位の問題ではなく、控除制度に問題があるのである。それが時代の変化とともに合理性や公平性を失っているのである。そこで、この税制度における配偶者控除や配偶者特別控除制度を見直すことが必要になっている。実際、〇四度から、配偶者特別控除が廃止されている。ただし、この控除制度は、無償労働に報いるという目的のために創設されたものであるので、廃止するのであれば別の形で、実際に子育てをしている世帯の負担を軽くするしくみを工夫する必要があるのである。

## 年金制度における問題

そして、国民年金制度における第三号被保険者制度の問題である。日本では、国民は全員年金制度に加入する制度ができている。年金制度は三つに分類されており、第二号が公務員やサラリーマンが加入する年金制度、第三号が第二号被保険者に扶養される配偶者が加入する年金制度、そして、第一号が、サラリーマン以外の自営業者、アルバイト、学生、失業者や無業者などが加入する年金制度になっている。

このなかの第三号被保険者の制度には、基本的にふたつの問題が含まれている。ひとつは、いまのべたように、労働時間や日数、あるいは年収一三〇万円未満といった加入要件が設けられているために、女性の働き方に影響を与えてしまうという問題である。そして、もうひとつが、負担と給付の不平等という問題である。労働時間の長いパートタイマーや年収が一三〇万円を超えて働く労働者は、社会保険料を負担して年金を受け取るが、それ未満で働く労働者や専業主婦は、負担なしに給付（基礎年金部分のみ）を受ける。これが不公平だという議論である。

たしかにそれは、一見不公平に見える。しかし、それは個人を単位としてみるからで、夫婦という世帯を単位にこの負担と給付をみると、公平性が保たれている。たとえば、家計所得が五〇〇万円の世帯を想定しよう。現行の制度では、夫と妻がそれぞれに二五〇万円ずつ稼いでいる世帯と、夫のみが働き、五〇〇万円かせいでいる世帯で、社会保険料の負担に差がない。

つまり、負担と給付の公平性の問題は、それを個人という視点からみるか、それとも世帯という視点からみるかで結論が異なってくるのである。

時代の変化の方向をみれば、個人単位の方が望ましいようにおもえる。しかし、社会保障制度というのは、現実の労働市場を前提に、ひとびとの生活を保障するために作られた制度である。現実の労働市場が世帯単位で構築されており、結婚している女性が本当に仕事の能力を磨き、実力を発揮できる労働市場が整えられていなければ、社会保障制度だけを個人単位化してしまうと、高齢期に保障が受けられない女性がふえてしまう。男女間の賃金格差が年金の支給額の男女差となって無償労働の担い手である女性に不利に働いてしまうからである。

まずは、女性が能力を開発し、実力が発揮できる労働市場を整えることが必要になる。そこで重要になるのが、「働き方」の選択肢をふやすということなのである。

図表５‐４は、一番小さい子どもの成長のステージ別に主婦がどのような働き方を希望しているのかをみたものである。小学生の子どものいる主婦では半数以上が、短時間勤務と答えている。ここでいう短時間勤務とは、正社員の短時間勤務のことである。

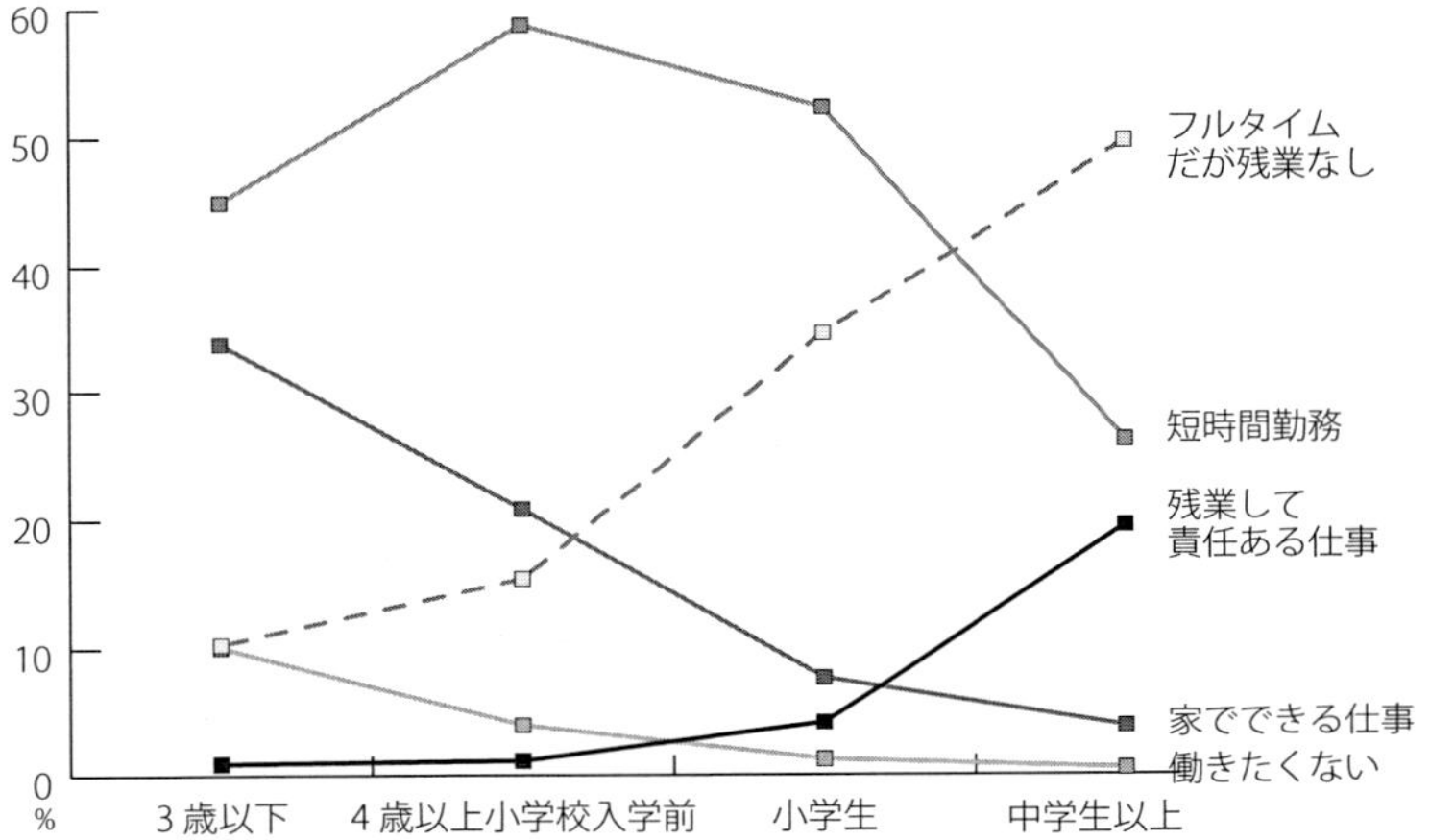


(注)現在末子が3歳以下の主婦パートタイマー、専業主婦による、インターネットを通じておこなったアンケート調査への回答結果である。
出所：(株)アイデム「パート・アルバイト就業実態調査」(平成12年)
出典：「平成14年版働く女性の実情」(厚生労働省)

図表5-4　末子の成長ステージ別主婦の働き方の希望

日本では、女性の年齢別の有業率は子育て期に下がるM字の形になっていることはよく知られている。しかし、現在働いている人のかわりに働きたいとおもっている人に置きかえて同じ数字をとってみると、台形の形になる。つまり、希望にあう働き方ができれば、就業する女性が多く存在するのである。

このような働き方の選択肢をふやすという工夫と同時にやらなければならないのは、第三号被保険者の認定に関する要件を見直すことである。つまり、年収一三〇万円あるいは労働時間の要件をこのまま残すのか、この壁を低くするのか、あるいはなくすのかということである。

この壁を低くするというのは、厚生労働省が〇四年の年金改正の議論の際に提出した案で、年収要件を現状の一三〇万円から

（万人）

| | 第 1 号被保険者 | 第 2 号被保険者 | 第 3 号被保険者 |
|---|---|---|---|
| 1996 | 1910 | 3865 | 1220 |
| 1997 | 1936 | 3882 | 1202 |
| 1998 | 1959 | 3881 | 1195 |
| 1999 | 2043 | 3826 | 1182 |
| 2000 | 2118 | 3775 | 1169 |
| 2001 | 2154 | 3742 | 1153 |
| 2002 | 2237 | 3685 | 1124 |

出典：社会保険庁「公的年金加入状況等調査」

図表 5-5　国民年金制度の加入者数の推移

六五万円に、労働時間を現行の(一般労働者の)四分の三から週二〇時間に下げるというものである。

これは年金の支え手をふやすかもしれないが、問題の根本的な解決にはならない。なぜならば、週二〇時間未満に就労を調整する労働者がふえる可能性が高いからである。

たとえば、ドイツでは、週一五時間未満はたらくパートタイマーであれば、社会保険の支払い義務が免除されている。しかし、その結果、ドイツでは、八八年から九八年に労働力に占めるパートタイマーの割合が一三・二%から一八・三%に増加しており、その多くが週一五時間未満働くパートタイマーだといわれている(ホフマン・ウォルウェー、二〇〇三)。

また、パートタイマーを雇うコストが上がれば、パート労働者を他の就業形態の労働者(たとえば派遣労働者など)に代替することも考えられる。いずれにせよ、おもったほど支え手がふえない可能性がある。

## 社会保障制度における事業主負担の問題

年金制度を維持していくためには、支え手をふやすことが必要になる。支え手が少なければ、一人あたりの負担がふえ、それが企業の業績を圧迫する。なぜいま、年金制度の支え手が減少しているのだろうか。

図表５‐５は、国民年金制度の加入者数の推移をみたものである。これをみるとわかるように、第三号被保険者は九六年の一二二〇万人から〇二年では一一二四万人と九六万人減少しており、第二号被保険者数も三八六五万人から三六八五万人と一八〇万人減少している。これに対して、第一号被保険者は一九一〇万人から二二三七万人へと三二七万人も増加している。

このことは、就労調整をする女性の増加が全体の年金加入者数の増減に影響を与えているのではなく、正社員数の減少と非正社員数の増加といった現象がここに大きな影響を与えていることがわかる。

そして、この第一号被保険者のうち保険料を納入したものは六四％にすぎず、非正社員化が急速に進んでいる二〇代前半ではその数は半数にも満たない。

つまり、正社員の減少と非正社員の増加といった九〇年代の日本の労働市場の変化がここに反映されており、それが年金の空洞化をもたらしているのである。

経済の国際化や国内での規制の緩和などによって激化した競争に対応し、社会保険や医療費負担を回避するために、非正社員を雇う事業主もふえているとおもわれる。

今後長期に維持可能な年金制度を考えるにあたっては、事業主の採用方針に影響を与えない、社

（%）

| | 1990 年調査 | 1995 年調査 | 2001 年調査 |
|---|---|---|---|
| 調整をしている | 30.4 | 37.6 | 26.7 |
| 関係なく働く | 23.0 | 25.6 | 26.0 |
| 調整の必要がない | 27.3 | 18.6 | 35.4 |
| わからない | 19.3 | 18.2 | 11.9 |

出典：厚生労働省「パートタイム労働者総合実態調査報告」（1990、1995、2001 年）

図表 5-6　就労調整をしているパートタイマーの割合

| 国名 | 制度 | 料率 | 労使による負担の割合 | 非典型労働者に対する適用除外要件 | |
|---|---|---|---|---|---|
| | | | | 短時間労働者 | 臨時労働者 |
| 日本 | 社会保険 | 13.58% | 労使折半 | 労働時間が一般労働者の３／４未満あるいはサラリーマンの妻で年収 130 万円未満の者 | ２ヶ月未満の雇用契約を結んでいる者 |
| アメリカ（2000 年） | 社会保険 | 12.4% | 労使折半 | 雇用形態のいかんを問わず適用（年金額算定の根拠となる保険料記録は年 780 ドル（88,850 円）以上の収入についておこなわれる） | |
| イギリス（2001 年） | 社会保険 | 21.9% | 労 10.0%<br>使 11.9% | 週 72 ポンド（1）（13,270 円）未満の被用者と年収 3,955 ポンド（729,030 円）未満の自営業者は強制加入が免除 | |
| オランダ（1999 年） | 社会保険 | 17.9% | 全額個人負担 | 雇用形態のいかんを問わず適用 | |
| ドイツ（2000 年） | 社会保険 | 19.1% | 労使折半 | 月収 630 マルク（2）（39,090 円）未満かつ週の労働時間が 15 時間未満である場合は任意加入（加入しない場合でも、事業主に対して年間２ヶ月又は 50 日未満の短期間雇用の場合を除き、報酬の 12%に相当する保険料が賦課される） | |
| デンマーク | 税＋社会保険 | 定額負担 | 労 １／３<br>使 ２／３ | 一年の労働時間が 39 時間未満の労働者は社会保険の負担義務がない | |
| フランス | 社会保険 | 18% | 労 １／３<br>使 ２／３ | 雇用形態のいかんを問わず適用 | |

（1）年換算では 3,744 ポンド（690,130 円）
（2）年換算では 7,560 マルク（469,100 円）

図表 5-7　各国の年金制度、保険料率と非典型労働者への適用状況

会保障や医療保険の事業主負担の在り方を考える必要が出てきているのである。

ちなみに、就労調整をしているというパートタイマーの割合は、九〇年から九五年で三〇・四％から三七・六％に増加しているが、〇一年では二六・七％に減少している（図表５‐６）。九〇年代後半になって、一〇三万円の壁に影響されずに働く女性がふえていることがわかる。

## 事業主負担をめぐる諸外国の事例

それでは、諸外国では、社会保険の事業主負担はどのようになっているのだろうか。

図表５‐７は、諸外国の社会保険制度における事業主負担および労働者負担についてみたものである。

これをみると、イギリス、ドイツ、デンマークや日本において、短時間労働者の適用除外の制度が設けられており、低所得層や短時間あるいは短期間働く労働者への配慮がされていることがわかる。

たとえば、イギリスでは、週あたりの所得が七二ポンド（約一万三二七〇円）未満であれば適用除外が受けられ、個人で国民年金保険に加入することもできる。また、ドイツでは、週一五時間未満はたらく労働者に、社会保険の支払い義務が免除されている。個人の負担能力などに配慮して、適用が除外されている労働者もいる。

これに対して、事業主負担をみると、雇用形態によって負担に差をつけている国は少ない。例外的な国はドイツであるが、事業主負担に関しては、年間二ヶ月あるいは年に五〇日未満はたらく労働を除いて、雇用形態にかかわらず労働者を雇う場合には社会保険の納付が義務づけられている。

年金アナリストの久保克行氏は、諸外国の基本的な考え方として労働者の負担に関しては、①全労働者を適用対象としていること、そして②収入が非常に少ないものについては、本人の希望により強制加入を免除していること、があるとしている。そして、事業主負担については、雇用形態にかかわらず負担するのが原則であり、日本においても、事業主の違法・脱法行為を抑止するためには、「時間による適用除外から脱却し、事業主の保険料については、属人的な基準ではなく、支払い総賃金を基準とする必要があるようにおもわれる。……そのように改めれば、事業主にとっては、例えば週労働時間が三八時間で年収が二〇〇万円のパートを一人雇うのも、週労働時間が一九時間で年収が一〇〇万円のパートを二人雇うのも、同じ保険料負担となり、雇用に対する中立性が確保されることになる」とのべている(久保、二〇〇四：一四〜一五頁)。

どのような雇用形態で労働者を雇うのかは、個人の事業主の裁量にまかされるべきであり、今後の年金制度の改正では、事業主の採用の選択に中立的な年金制度を設計することを検討すべきであろう。

そして何よりも重要なのは、安心して働け、長期にわたってキャリアが形成できる仕事をいま以上にふやすことである。そのためには、正社員のなかに多様な働き方を生み出し、多様な人材が参加し、活躍できる場を広げることである。それが、第二号被保険者をふやし、年金の支え手をふやす。また、夫婦がともに働ける社会になれば、可処分所得がふえ、消費がふえる。それが企業の業績の向上につながり、経済を発展させるのである。

## 経済のグローバル化にともなう柔軟性への要請にどう答えたらいいのか

経済のグローバル化が所得格差の拡大や年金制度の空洞化をもたらしている。そのひとつの理由は、製品需要の不確実性が高まり、その変動にあわせて柔軟に活用できる労働需要がふえたことにある。それが雇用保障を低下させ、雇用形態の多様化をもたらしていることは、第3章で論じた。

こういった問題に、他の国ではどのように対応してきているのだろうか。

不安定就労の増大という現象はどこの国でも経験しているのだが、その増加の程度や非典型(非正規)労働者のなかでもどのような就業形態の労働者がふえているのかということについては、国による違いがみられる(3)。たとえば、デンマークやアメリカやイギリスのようにそれほど大きな増加がみられない国もあるかとおもえば、スペインやフランスのように、不安定就労が大きくふえている国もあった。

日本は、臨時労働者がそれほどふえているわけではないが、パートタイマーやアルバイト社員をふくめると、不安定な雇用形態で働いている労働者の増加が顕著である。

何がこの違いをもたらしているのだろうか。その要因となっているものを列挙すると、

①経済のパフォーマンス

②(正社員の)雇用保障の厳格さ

となる。

日本では九〇年代、景気が大きく落ち込んだ。また、正社員に強い雇用保障がある。そして、正社員を中心とした社会保障や税制度が作られている。これらのことを考えると、九〇年代に入ってなぜ正社員が減少し、非正社員がふえたのか、その理由がわかる。

ちなみに、ドイツでは東西の統合による経済的な負担がおもった以上に重く、それが統一ドイツの経済発展を大きく減速させ、非正社員の増加につながったといわれている。また、スペインは正社員の雇用保障が厚いだけでなく、九〇年代には、非正社員の採用を容易にする規制緩和がおこなわれたために、イタリアは解雇の規制が強いので、両国では法の網の目をくぐって、やみ(労働)市場ではたらく労働者がふえているという。そして、フランスは第3章でふれたように、解雇規制が厳格なことが、非典型労働者の増大に大きく影響している(大沢・ハウスマン、二〇〇三)。

以上のべたように、非正社員(非典型労働者)がふえている国には、それぞれの事情があり、異なる制度のなかで、異なるタイプの非正社員がふえている。

### ③ 社会保障・税制度における雇用形態間の格差の有無

それではグローバル化にうまく対応している国とそうでない国の違いはどこにあるのだろうか。非正社員(非典型労働者)がそれほどふえていない国は、イギリスやアメリカやデンマークといった国で、これらの国では、雇用契約において正社員と非正社員といった区別をしていない。また、解雇も自由で、事業主の自由意思で社員をいつでも解雇できる。

オランダは、雇用保障を非正社員にも適用するという逆の発想をとるとともに、労働時間の選択を可能なかぎり労働者に認め、それによって必要な柔軟性を確保している。

このように、解雇規制のない国の方が、非正規労働者の増加は少ない。しかし、アメリカでも少ないとはいえ、派遣労働者の増加が著しい。八二年の〇・五%から九九年の二・五%へと二〇年間で五倍にふえている。

また、非典型労働に携わるひとは、所得階層が低いことも指摘されている(ハウスマン・大沢、二〇〇三)。アメリカでは、貧困と認定するための所得水準がもうけられている。所得がこの水準内の労働者の割合は、常用フルタイム(正社員)では六%に対して、派遣労働者で二二%、自宅待機労働者や日雇い労働者で一六%、業務請負労働者一二%、臨時労働者一五%、常用パートタイム労働者一四%となっている。つまり、非正規労働者(非典型労働者)の増加は、所得階層間格差の拡大をもたらす危険性もある。

これに対して、ヨーロッパの国では、フルタイマーとパートタイマーとの間に時間あたりの均等原則が定められているので、臨時雇用者が正社員にいずれ転換できるしくみを整えておけば、パートタイムの増加は、働き方の選択肢をふやすことにつながっても、所得階層間の格差を拡大する要因にはならないのである。

非正規から正規へ移る道をつくること。また、フルタイマーとパートタイマーとのあいだの労働条件に時間あたりの均等原則を作っておけば、グローバル化によるマイナスの影響をかなり緩和できる。そして、それを実施した国で、経済のパーフォーマンスがよく、失業問題もそれほど深刻ではなく、かつ非正規労働者(非典型労働者)の増加による経済格差の拡大がみられない。

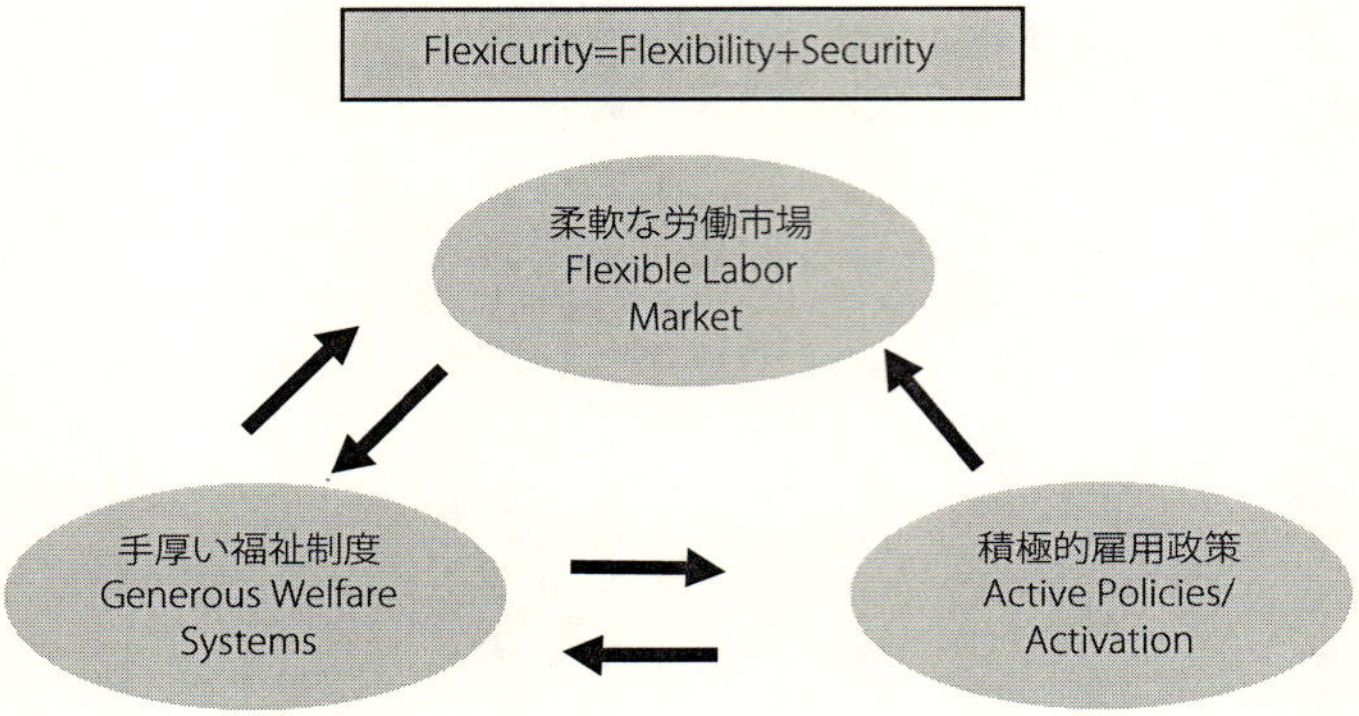


出所：OECD, Employment Outlook, 2004

図表 5-8　デンマークの「フレキシキュリティ」なアプローチ

そのアプローチが、いまフレキシキュリティーと呼ばれ、労働政策における新しいコンセプトとして注目されはじめている政策である。

## フレキシキュリティーとは何か

いま欧州の各国がめざしている雇用政策は、フレキシキュリティー（Flexicurity）という政策であるといわれている。この聞き慣れない言葉は、雇用保障を表すセキュリティー（security）と柔軟性をあらわすフレキシビリティー（flexibility）のふたつの言葉を組みあわせて作られた造語である。

イギリスやアメリカが市場の力にたより、労働市場の規制緩和を進めて、経済のグローバル化に対応しようとしたのに対して、保障と柔軟性の両方を追求することで、グローバル化のニーズに応え経済パーフォーマンスを高めようとする新しいアプローチである。フレキシキュリティーのメリットは何といっても柔軟性の導入が経済格差をそれほど拡大しないという点であろう。

(1)デンマークのアプローチ

図表５‐８は、デンマークのフレキシキュリティーといわれる雇用政策を図にまとめて整理したものである。従来、解雇規制の緩和などの政策が取られれば、企業の利益は上がり企業にメリットをもたらすが、結果として不安定雇用が増大し雇用の質が低下する。労働者にとってはマイナスの影響が大きいと考えられてきた。

これに対して経済のグローバル化にうまく対応したと高い評価を受けているデンマークがとった労働政策は、解雇規制を緩和するだけではなく、たとえ失業したとしても、失業期間中に手厚い所得保障をするとともに、次の仕事に移るための教育訓練プログラムを用意し、失業者にその参加を義務づけることで、早期の就業を実現するというものである。

デンマークでは労働組合の組織率が高く八割の労働者は何らかの組合に属し、労働組合と経営者団体と政府との三者の連携がうまくとられている。経営者と労働組合が協力して、失業問題に取り組み、失業なき労働移動を実現させているのである(OECD, 2004)。

また、失業手当も手厚い。過去三年のあいだに五二週間のフルタイム就労をしているものはだれでも失業手当が受け取れる。支給される失業手当は従前の所得水準によって異なるが、低所得層に対しては従前の九割が最長で四年間にわたって支給される。また、平均的な労働者であれば、従前の手取りの所得の六三％から七八％が支給される。

このように寛大な失業手当が支給されるので、それに依存するひとがふえると、政府は財政難に陥る。そこで、九四年に法律が改正され、失業手当を受け取るためには、職業訓練プログラムに参加していることが条件になった。通常の労働者であれば、失業期間が一年をすぎてから、また、二五歳未満の若者においては失業期間が六ヶ月をすぎてから、求職活動をしていることと職業訓練プログラムに参加しているもののみが失業手当の支給が受けられるようになった。また〇三年以降は、失業後ただちに求職活動をし、教育訓練プログラムに参加することが義務づけられている。

なお、いまのべた積極的な労働市場政策の実施にあたっては、労働組合が重要な役割を担っている。デンマークでは、組合が組合員に対して職業訓練プログラムを提供し、失業手当を支給している。さらに、職業訓練コースを修了した失業者を優先的に雇用するしくみも用意されている。

これをOECDの報告書では、ゴールデントライアングル（黄金の三角形）と表現しており、この三つ（緩やかな解雇規制＋手厚い失業手当＋失業から短期間に就職に結びつける積極的雇用政策）がうまく連携をとって運営されており、失業者がいつまでも失業状態にあるのではなく、ここから早く労働市場に戻ることができるしくみが作られている。それが、デンマークの雇用政策の成功のひけつであるとのべている。

第2章では、失業者のインタビューを紹介したが、日本の求職者の話を聞きながら感じたのが、日本ではこの職業訓練プログラムの実施と職業紹介とのあいだのコーディネートがうまくいっていないということである。そのために、せっかく苦労してコンピューターで設計図が書けるようになったひとが、就職できないので、介護士の資格に再度挑戦しているといったケースもあった。

フリーター対策を考えるうえでも、職業訓練を受けた失業者が、その後、それを活かして就職ができるように、支援するしくみが必要とされているのではないだろうか。

〇五年六月、放送大学の番組作りのために、デンマーク第二の規模を誇るHK組合を取材した。ここの組合は、商業部門や事務に従事する労働者を組織し、一〇年以上にわたってもっとも大規模な民間による職業訓練プロジェクトを事業主と共同で運営している。組合員の七五％は女性である。

ここのエコノミストとして労働市場分析を担当しているユスト氏によると、かれらが一番力を入れているのが、組合員の職業訓練であるとのこと。組合員であれば、だれでも無料でこの職業訓練のコースに参加することができる(非組合員でも参加することができるが、有料である)。全国二二ヶ所のセンターで初級から上級までのコンピューターコースが受講できる。最近は、どのような訓練を受ければ技能の向上ができるのかのアドバイスも組合員によっておこなっている。また、このプログラムに参加するのは、失業者だけとは限らない。失業をしていなくても、組合が提供する教育訓練プログラムに参加することで、スキルアップをしたり、キャリアチェンジをすることもできるという。すでに職についている組合員たちも常に技能の向上ができるように、再訓練の機会を提供しているのである。

経営者と協力して、職業訓練を受講している失業中の組合員を、期間を定めて雇い、技能の向上をはかるといったこともしている。デンマークで臨時雇用の労働者がふえているひとつの理由は、積極的雇用政策によって、有期契約の雇用が生み出されているという側面もあるのである。

こういった安全網をしいた上で、組合は解雇規制の緩和に同意している。しかし、そうはいっても、解雇が自由であるということに対して、ひとびとは不安を感じないのだろうか。そう聞くと、ユスト氏は、基本的な雇用保障はあるとのこと。理由もないのに無闇やたらに解雇されることはない。加えて、専門的なスキル(売れるスキル)があれば、雇用が保障される。

日本がいま必要としているのは、この安全網の確立であり、自らの雇用の保障や職業能力を身につけるための場所をふやすことなのではないだろうかと感じた。

ちなみに、デンマークでは九〇年代にはいってパートタイム就労を選ぶ女性がへり、フルタイム就労をする女性がふえたことが、全体でみた非典型労働者(非正規労働者)の割合をへらしている。背後には、保育所の利用がだれにとっても可能であることに加えて、週の労働時間を三七時間にまで短縮させたことがある。

また、このような積極的な職業訓練プログラムを通じて現在のデンマークの失業率は六%と他のOECDの国にくらべて低い数字になっている。

(2)オランダのアプローチ

デンマークが積極的雇用政策と、組合が経営する職業訓練プログラムをうまく連携させて、柔軟性と保障のバランスをとったのに対して、オランダは、臨時的に雇われる労働者や派遣労働者の雇用に最低の保障を提供することで、すべての労働者に保障があるしくみを作ることを模索した。

それが九九年に施行された「柔軟性と保障法」である。労使の合意に基づき、事業主は解雇規制の緩和によって柔軟性を追求するかわりに、不安定な仕事をしている雇用者にも最低の雇用保障を与えることによって、柔軟性と保障の両方を追求しようとしたのである。

具体的には、①厳格な解雇規制の緩和を実施するとともに、②派遣労働者や臨時労働者などの地位の保障をしながら、③派遣労働などの規制の緩和をおこなうという政策をとった。

解雇の手続きが簡素化され、かつ解雇の予告期間が短縮され、単純化されると同時に、臨時的な雇用契約が結びやすくなった。そして、それと同時に、臨時的に雇われる労働者の保障がされるようになった。

オランダの場合、労使ともに自由に雇用契約を打ち切ることができる試用期間が二ヶ月である。同じ事業主のもとで三ヶ月はたらくと、両者のあいだに常用的な雇用契約が結ばれているとみなされ、常用労働者と同じ労働条件が保障される(ただし、雇用期間は有期)。そして、雇用期間が三年を超えた場合には、自動的に期間の定めのない雇用契約に移行する(根本、二〇〇三)。

この法律改正の目的は、有期契約から期間の定めのない労働契約への移行を保障するとともに、有期契約をむすべる期間を長くすることで、企業が「回転ドア」のように従業員をつぎつぎに変えなくてもいいようにすることにあったといわれている(フェーガン・ワード、二〇〇三)。

また、派遣労働については、一年以上派遣先企業で働いた労働者であれば、派遣先と雇用契約があるとみなされることになった。

この労働法の改正はオランダの労働市場を大きく変えたといわれている。

非典型(非正規)労働者の増加に関していうと、オランダでは、パートタイマーの増加が著しい。パートタイマーの増加は、多くの国で、フルタイム就労ができずに不本意にこの就業形態を選択しているひとが多い。それに対して、オランダは例外的に、自発的な意思でパート就労を選択するひとの増加がここに寄与している。そして、良質のパート就労をふやすことで経済発展をとげた。この点でもオランダは注目されている。

さて、経済のグローバル化のなかでふえている臨時労働者に対して、保障を提供することで、それが社会に及ぼすマイナスの影響を緩和する政策をとって成功した国の例を紹介した。また、これらの国では、フルタイム労働者の労働時間を短くしたり、フルタイム労働者とパートタイム労働者との労働条件を均等させることで、働き方の選択肢をふやしている。

これらの政策は学ぶところが多い。しかし、同時に、どちらの国も人口が少なく、組合が組織しやすく、政労使の合意が作りやすいという特殊な条件もある。デンマークの人口は五〇〇万人。オランダが一六〇〇万人と、どちらも人口が少ない国である。

イギリスとオランダの非典型(非正規)労働者の実態を比較した研究で、この点が指摘されている(フェーガン・ワード、二〇〇三)(4)。

……オランダには社会民主的政治風土があって、大多数の労働者に適用される包括的な労使協約があり、法制度によって規制された労働環境が存在している。こうした環境の下、雇用を創出し、経済発展を促進するために、オランダはイギリスとは異なる道を探った。そのかなめとなったのが、労働組合と事業主の社会的合意形成であり、政府もさまざまな施策を講じてそれを支えた。……

（これに対して）イギリスでは米国で導入されたのと同じような労働政策を追求し、ＥＵ指令の規制から逃れる抜け道を探ってきた。……労働協約でカバーされている雇用就業者は現在では半分以下にすぎない。九七年の労働党政権の発足以来、進歩的な雇用改革への強い反対は弱まったが、今日でもイギリスの労働市場はＥＵのなかで最も規制が少ない国になっている。

つまり、他の国が成功したからといってそれをすぐに他の国に移し替えることはできない。それぞれの国がもっている文化や風土が違うからだ。成功例を参考にしながらも、わたしたちは、日本の実態に則したフレキシキュリティーを模索しなければならないのである。

興味深いことは、規制を最小限に抑えてきたイギリスやもともと規制のあまりないアメリカでいま、働き方の多様化をもたらすワークライフバランス施策が取り入れられてきていることである。背後には働く側の意識の変化があるという。

## ワークライフバランス施策はなぜ導入されたのか

ワークライフ・コンサルタントのパク・ジョアン・スックチャさんによると、企業のワークライフバランス施策は、アメリカで八〇年代初期から中期にかけて、初めは増加したワーキングマザー向けのワーク／ファミリー・バランス（仕事と家庭の両立支援）として始まったということである。その後、九〇年代初期ぐらいからワーキングマザーだけでなく、独身や子どものいない社員たち向けの他の取り組みを提供するようになり、名前もワークライフバランスへと変わっていった、ということである(パク、二〇〇二)。

ワークライフバランス施策が広まっていった背後の経済変化として重要なのが、経済のグローバル化であろう。

経済のグローバル化は、企業の都合にあわせて柔軟に活用できる労働者をふやしたが、同時に、ワークライフバランス施策の導入にも寄与し、常用労働者の働き方を変えようとしている。

それは、同時に進展した経済のサービス化が、片働き世帯が標準の経済から共働きが標準の経済へと社会を変えたからである。

共働きの増加は、働く側の意識の変化をもたらした。それにあわせて企業が雇用戦略を立て、働きやすい職場環境を作れないと、よい人材を確保し、競争に生き残れない時代になった。

イギリスで取材に応じてくれたのは、自身も人事担当の弁護士で、自分も週四日の短縮勤務制度を利用して、三人の子どもを育てたというアイリーン・アーロンさん。五〇代はじめの女性である。

——フレックス勤務を可能にする鍵は何ですか。

理想の姿というのが変化していることを認識する必要があります。法律関係にしても、他の分野にしても、どうあるべきかというお手本としてわたしの世代を見る傾向があります。しかし、実際のところ、わたしの世代は決してよいお手本ではありませんでした。わたしたちは、男性社会のなかで、男性と同じような道を歩み続けることを目指しました。職場ではわたしたちは男性であり、家庭に帰ると女性になる。このようなふたつに分裂した人格を内に秘めながら仕事と家庭を何とか両立してきたのです。

しかし、今の若い世代の女性はそうではない。もっとよいものを求めていると思います。わたしたちの世代より高い職業能力を身につけ、さまざまな面でより良い訓練を受けています。彼女たちは、自分のパートナーである男性の生き方を変えるだけの力を備えているのです。それによって男性が恩恵をうけるのではないでしょうか。

いま専門分野に進出してきている若い世代をみると、わたしたちの世代のように仕事に接している女性があきらかに減少しているのです。ベビーブーム世代が退職し、労働力そのものが縮小していくなかで、自分の両親たちのやり方が果たして正しかったのかどうか疑わしく思っている世代が育ってきています。その世代から、働き方への革新的なアプローチが出てくるものと期待しています。それがどう発展するか、大変興味のあるところです。

——今の若い世代はどういう人生を送りたいと思っているのでしょうか。

仕事と私生活をバランスさせるということに関して、弁解がましいおもいをあまり抱いていないとおもうのです。一般化するのは危険ですが、これを支持する多くの事例を挙げることができます。また、かれらは子育てについて、自分なりのビジョンをもっているとおもいます。六〇年代に男性社会で、男性と肩を並べて働いた女性たちは、子育てとの両立を本当の意味では達成していなかったのです。わたしたちはよい手本になろうとしました。わたしには健やかに成長した三人の子ども

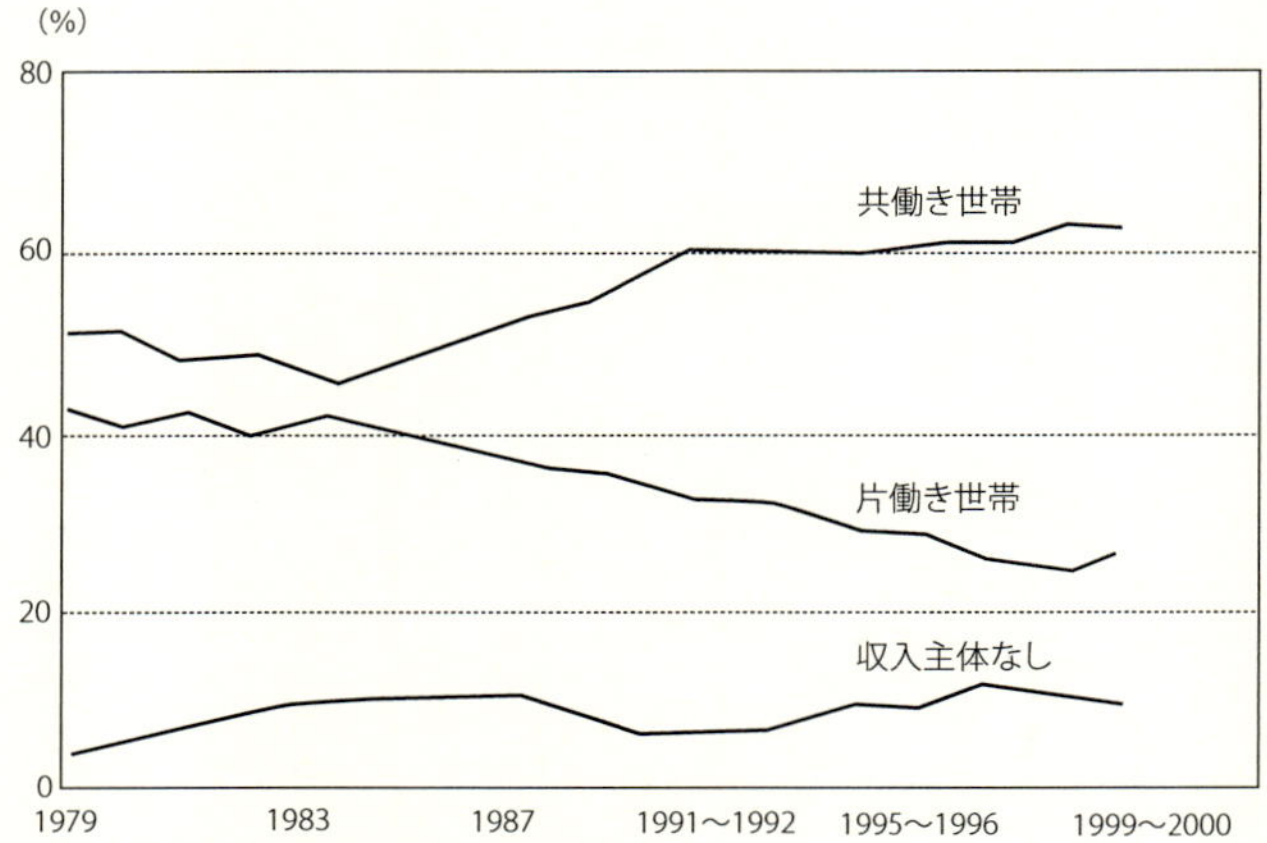


（1）男性の年齢は19～64歳，女性の年齢は16～59歳
（2）1987年以降は会計年度
出所：Dex,Shirley (ed.), Families and Work in the twenty-first century, Joseph Rowntree Foundation, 2002

図表5-9　イギリスにおける片働き世帯と共働き世帯の推移

がいるので、親としてまずまずだったとおもうのですが、わたしの世代は、仕事と子育ての両立が何を意味するのかを本当にわかってはいなかったのです。

イギリスは、八〇年代の半ば頃から、共働き世帯が片働き世帯を引き離すようになる（図表5-9）。女性たちの世代間の違いとは、実は、片働き世帯が中心の社会で職場に進出したキャリアウーマンと、共働き世帯が中心の社会に移行したあとに社会に進出したキャリアウーマンの、働くことに対する意識の違いについてのべているのである。

イギリスはブレア政権が発足した一九九七年にイギリスの働き方を変えるためにワークライフバランス・キャンペーンを実施する。イギリスの貿易産業省（DTI）が集めたデータから、その効果を分析しているロンドン大学のシャリー・デックス教授も同じことを語っている。

――仕事とキャリアのバランスをとることによる望ましい結果とは何なのでしょうか。

社会的に大きな意識の変化がおきているのです。日本のことは知りませんが、少なくともヨーロッパとイギリスについては、これは確かなことなのです。それを認識する必要があるとおもいます。一八歳から二四歳を対象とした調査では、新世代は旧世代に比べて仕事に対する態度が異なってきていることが示されています。男性も女性も仕事をもちたいが、仕事だけ、あるいは家庭だけではいやだと考えています。新しい世代は、キャリアと私生活のバランスがとれた生活を当たり前と考え、それを勝ち取らなければならないものとはもはや考えていないのです。そのために、就業環境がかれらに対応することを余儀なくされているといった方がいいでしょう。新世代は、両親の世代が過去にしていたような働き方をしようとは考えていないのですね。

それから、男性が家庭生活にもっと関わるようになってきています。旧世代の男性は職場で長い時間過ごしたために子どもと疎遠になったことを悔やんでいるものが多いからです。さらに、これは背後にあるもっと大きな課題ですが、人生で何が大切なのかという問いかけです。墓標に「仕事にもっと時間を費やしたかった」と刻んで欲しいと望むひとはいないでしょう(笑)。

この意識の変化が日本においてもおきていることは、第4章でみた。柔軟に活用できる労働者がほしい企業と、家族を配慮して柔軟に働きたい労働者。この両者のニーズを合体させて生み出されたのが、仕事と生活のバランスをとるというワークライフバランスという働き方である。これはアメリカではじまり、いまさまざまな企業に広がっている。日本でその導入は可能なのか。次の章では、仕事と生活のバランスのとれた働き方ができる社会を展望してみたい。

注

(1)第一子出産三ヶ月から出産後二年のあいだに継続して就業している女性の割合は、スウェーデンで四六・七%、オランダで三三%、旧西ドイツ三二・六%、イギリス二一・七%である(Wetzel, 1998)

(2)八六年当初は年収九〇万円を超えた場合に、加入義務が生じた。

(3)比較対象となったのは、アメリカ、日本、イギリス、オランダ、ドイツ、デンマーク、スペイン、イタリア、スウェーデン、フランスの一〇カ国である。

(4)フェーガン・ワード、二〇〇三:七〇~七一頁

第6章

# ワークライフバランス社会を展望する

日本経団連（経済団体連合会）の会長奥田碩氏は、著書『人間を幸福にする経済―豊かさの革命』のなかで、これからの日本の経済社会に必要な理念として「人間の顔をした市場経済」と「多様な選択肢をもった経済社会」というふたつを掲げている（奥田、二〇〇三）。

「人間の顔をした市場経済」とは

競争が生み出す活力を活かしながら、格差を社会的に許容できる範囲にとどめ、敗者が再びチャンスを得て挑戦できるような市場経済、ゼロサム・ゲームではなく、すべての参加者が競争を通じて多かれ少なかれレベルアップしていけるような、「Ｗｉｎ‐Ｗｉｎ」の関係が成り立つような社会市場経済をめざしていかなければいけない。それが、「人間の顔をした市場経済」という言葉に込めた私の心情です。

「多様な選択肢をもった経済社会」とは

これからのわが国に新しい成長と活力をもたらすのは、「多様性のダイナミズム」だろうと思います。

従来は、欧米へのキャッチアップ（追いつくための努力）という国民共通の目標があり、それがビジョンそのものでした。（中略）しかし、こうした共通の目標をおおむね達成してしまった現在、これまでのような画一的な、パターン化した目標では、十分な成長と活力が生まれなくなってきています。それに代わるものとして私が期待しているのが「多様性」です。個人も企業も、それぞれ自分独自の目標に向かって励むのです。（中略）何でもいいから、国民の一人ひとりが、自分なりの価値観を持ち、他人とは違った自分らしい生き方を追求していくことが、「こころの世紀」にふさわしい「精神的な豊かさ」をもたらすのだと思います。

少子化が進むなかで、今後の人口構造の変化を考えると、二一世紀の日本は、女性の能力の活用なしには成り立たない社会になるだろう。一五～六四歳までの「生産年齢人口」は現在の八五〇〇万人から一〇年後に七七〇〇万人に減少する。さらに三〇年後には、六六〇〇万人に減少すると予測されている。

また、現在の労働力率を前提とすると、とくに創造性、知的生産能力が高いと考えられる二〇～四九歳の労働人口は二〇〇〇年の四一八〇万人から二〇三〇年には約三〇〇〇万人に減少する。

さらに、新規採用対象人口である一五～二九歳の人口は二〇〇〇年の二六〇〇万人から二〇一〇年には二〇〇〇万人と六〇〇万人も減少するのである。

だから女性は家庭も仕事も両立すべきだなどというつもりはさらさらない。自分がどのような職業能力を身につけ、自分の人生をどうデザインするのかは、最終的には個人が自分で決めることであると考えるからだ。日本では国の経済発展のために、個人のライフスタイルが決められるという社会制度が作られてきた。しかし日本が経済的に豊かになったいま、それを個人が自由に選択できる社会制度に変える時代がきている。

しかし、何といっても、時代の変化を受けてもっとも大きな変革がせまられているのは、企業である。二五〜二九歳の労働人口は、男性はマイナスに転じているのに女性はプラスである。男性に偏った採用を続けていると、有能な人材を確保出来なくなる可能性が高い。

こういった労働力人口の減少のなかで、女子大生を採用したいという企業がじわじわとふえ、氷河を解かしはじめている(「朝日新聞」、二〇〇五年二月一九日)。

朝日新聞では、主要二〇〇社に女性の採用に関する考え方を聞き、それをもとに、企業が女性を積極的に採用する理由を以下の七つに分類している。それらを列挙すると、

①少子化で人材確保がむずかしくなる(六一%)
②多様化する市場に対応する(七七%)
③女性が商品・サービス購入の決定に発言力をもつ(三五%)
④社会的要請が強くなっている(三三%)
⑤女性が実績を上げている(四四%)
⑥女性の就労環境改善(二三%)
⑦国際的に通用しない(一四%)

となっている。

この結果からもみられるように、もっとも多い回答は、人口構造の変化にともなう若年労働力不足への対応や、変化する消費市場への対応である。しかし、女性が実績を上げているからと回答する企業も四四％あり、女性の能力活用を積極的に考えている企業が少なからず存在することもわかる。

外国の高級音響メーカーに勤めている友人が日本の市場に参入するにあたって、日本の女性が消費の担い手になっていることに注目して市場戦略を立てたと聞いたことがある。その戦略が功を奏して業績が伸びた。彼は、その成功の要因として、経済的に自立している女性がふえ、それが消費市場に大きな変化をもたらしていることと、日本で有能な女性を採用できたことをあげている。

九〇年代になって日本の女性の高学歴化が急速に進んだ。九〇年には大学に進学する女性は高卒者の一五・二％であったが〇二年には三三・四％にまでふえている。また、同じ時期に、女性の勤続年数は七・三年から八・八年に伸びている。また、勤続年数一〇年以上のものの割合が九四年の二七・一％から〇四年の三五・六％へと、この一〇年間で八・五％伸びている。

あきらかに女性はキャリア（仕事の経験）を積み重ねている。このような変化が、夫婦のあいだでの妻の発言権を強めている。

こういった「女性」を強調する議論に、違和感を抱く読者もおられるとおもう。わたしたちが目指しているのは、あくまでも性差ではなく個人差を重んじる社会である。いまはそこに向かう途中にいる。その時期に、しばし女性の変化に目を向けることをお許しいただきたい。

消費者が女性になっている。あるいは、カップルでお店を訪れても、最終的な決定権は妻にあるという夫婦がふえている。これは、車のセールスについてもいえるらしい。最近、最も多く車を売るのはセールスウーマンなのだそうだ。

共働き世帯がふえ、地方都市では一家に二台は車がないと生活できない。そんななかで、自身も車を運転し、働くお母さんであるという経験がセールスに活きるらしい。

車のどの部分が働くお母さんにとって便利かなど、自分の経験をふまえてお客さんにセールストークができる。また、会社に対しても消費者として貴重な意見を述べてくれる。そして、商談成立のひけつは、夫婦で車を見にきた時に、妻に向かって話をすることにある。最終的にその商品を購入するかどうかを決めるのが妻である夫婦がふえてきているからだ。

日本では欧米よりも妻の家庭での力が強いといわれている。欧米では、財布のひもを握っているのは往々にして夫である場合が多いのに対して日本では圧倒的に妻である。しかし例外的に、住居や車などの多額の買い物は夫の発言力が強いといわれてきた。ところが最近は、従来は夫が最終的に決定していた消費項目に関しても妻の発言権が高まっているらしい。

女性が商品やサービスの購入に発言力をもつにしたがって、商品の開発にも女性の視点が必要になってきている。

九〇年代には、女性の感性ともちあげられて女性だけの商品開発をしたチームがあまり大きな成果を上げてこなかった。しかし、最近は多くの業種で女性による開発チームがヒット商品を生んでいる。バブル期以降、下火になっていた女性による新商品開発チームが注目されているらしい(「日本経済新聞」、二〇〇四年六月七日)。

例としては、セイコーエプソンのデジタルカメラ専用のプリンター「カラリオ・ミー」、積水ハウスの都市型住宅「キュービィ・キュービィ」、キリンビバレッジのスポーツ飲料「アミノサプリ」、自動車では、マツダのデミオなどである。

セイコーエプソンのデジタルカメラ専用のプリンター「カラリオ・ミー」を作るにあたっては、女性をターゲットにしたプリンターを開発するために、デザイン、設計、マーケティングなど異分野の女性一三名が開発チームに加わった。デザインにこだわり、使い方を簡単にしたために、高齢者からの人気も高いという。

積水ハウスの都市型住宅「キュービィ・キュービィ」は、三〇代の戸建て志向の強い女性をターゲットに都市型住宅を開発した。開発したのはインテリアやリフォームの設計をしてきた三〇代の女性六人。購入者がある程度自由に設計できるように、大・中・小のキューブをパズルのように組み合わせるコンセプトで作られているという。

キリンビバレッジのスポーツ飲料「アミノサプリ」も三人の女性が開発したヒット商品だ。味とパッケージにこだわって、三〇〇種類を超す試作をした。特に女性チームだとは意識しなかったが、「妥協せずに意見を出し合ったことが結果につながった」。

マツダのデミオは、もともと女性の消費者を念頭に開発された車ではない。性能もよくコンパクトカーとしてスタイリッシュでもあったが、女性向きではなかった。それを五人の女性で構成される開発チームを作り、女性にも支持される車に改良し、購買層を拡大することに成功した。

開発者のひとりに話を聞いたが、社内の男性の理解を得るために、かれらをオープンカフェに連れ出し、一緒に化粧品売り場を見て歩きながら、女性が今何に興味をもっていて、どのように生活を楽しんでいるのかを実際に知ってもらったという。

市場調査の結果わかったのは、顧客が「快適さ」と「心地よさ」を求めているということ。そのコンセプトを車の設計や色に取り込み、新しい車を開発した。そして、実際に生産をする段階では、男性社員のいままでの経験や技術力が大いに活かされたと聞いた。

このマツダの成功をみて、いま、海外の自動車メーカーが、女性だけの開発チームを作り、新しい車作りに挑戦している。

さて、女性が開発した商品のいくつかを紹介したが、九〇年のはじめにも同じようなことが試みられたが成功しなかった。しかし、いまは、それがヒット商品に結びついていることが多い。

その理由は何なのだろうか。それは、九〇年代になって日本の会社が、男性もふくめて社員全員の処遇制度を見直した。成果主義などが導入されて、性差よりも仕事によって評価が決まるようになったことが大きいのではないだろうか。つまり、女性を、分け隔てなく平等に評価するしくみが導入されたことが大きいとおもわれる。

たとえば、上述のマツダでは、九六年にフォード社の傘下に入ったあと、女性をめぐる人事管理制度を大きく前進させている。九九年にコース別人事管理制度を廃止、二〇〇〇年には女性の職給や号を見直し、〇三年には男女ともに性別に関係なく実力で評価する新しい人事評価制度を導入している。

「アエラ」（二〇〇三年一二月二九日・二〇〇四年一月五日合併増大号）では「女性登用で会社は伸びる」と題する記事で、正当な評価制度を用いた結果、業績がのびた会社を紹介している。

ニチレイは、九八年度にはじめて赤字に転落したことをきっかけとして、ビジネスモデルを根本的に変えた。競争力を上げるために二〇〇〇年に人事制度を刷新し、成果主義を導入した。そして、社内の公募制で女性の管理職を募った。また、女性の採用も増やした結果、社員満足度調査で全体的に女性の満足度も高まり、全体の生産性も上がった。さらに、女性の活用が評価され、SRI（社会的責任投資）の銘柄にも選ばれたという。

アエラが企業に実施したアンケートで女性役員のもっとも多かったのはボーダフォンである。J-フォンと東日本など四社が合併した。これを機会に人事管理制度を一新し、実力主義に徹した。二〇〇二年四月からは、役員以外のポストは全て社内公募制「ジョブポスティング」で決まるしくみに変わった。仕事内容は明文化され、半期ごとの達成具合で評価される。これによって、若手や女性の登用があいつぎ、会社が活性化された。

女性の活用が進んだ背景には、外資との提携といった外的な要因が働いたケースも少なくない。これは、グローバリゼーションがもたらした数少ないメリットのひとつといえるかもしれない。冒頭で紹介した朝日新聞の調査でも、一四％の企業は、女性を活用する理由として、「国際的に通用しない」からという理由を挙げている。

また、ヒアリングをしてみると、海外駐在をへて海外で男女平等の職場の雰囲気を味わった管理職が、率先して女性の登用を進めているケースもある。また外部のコンサルタントの存在なども浮

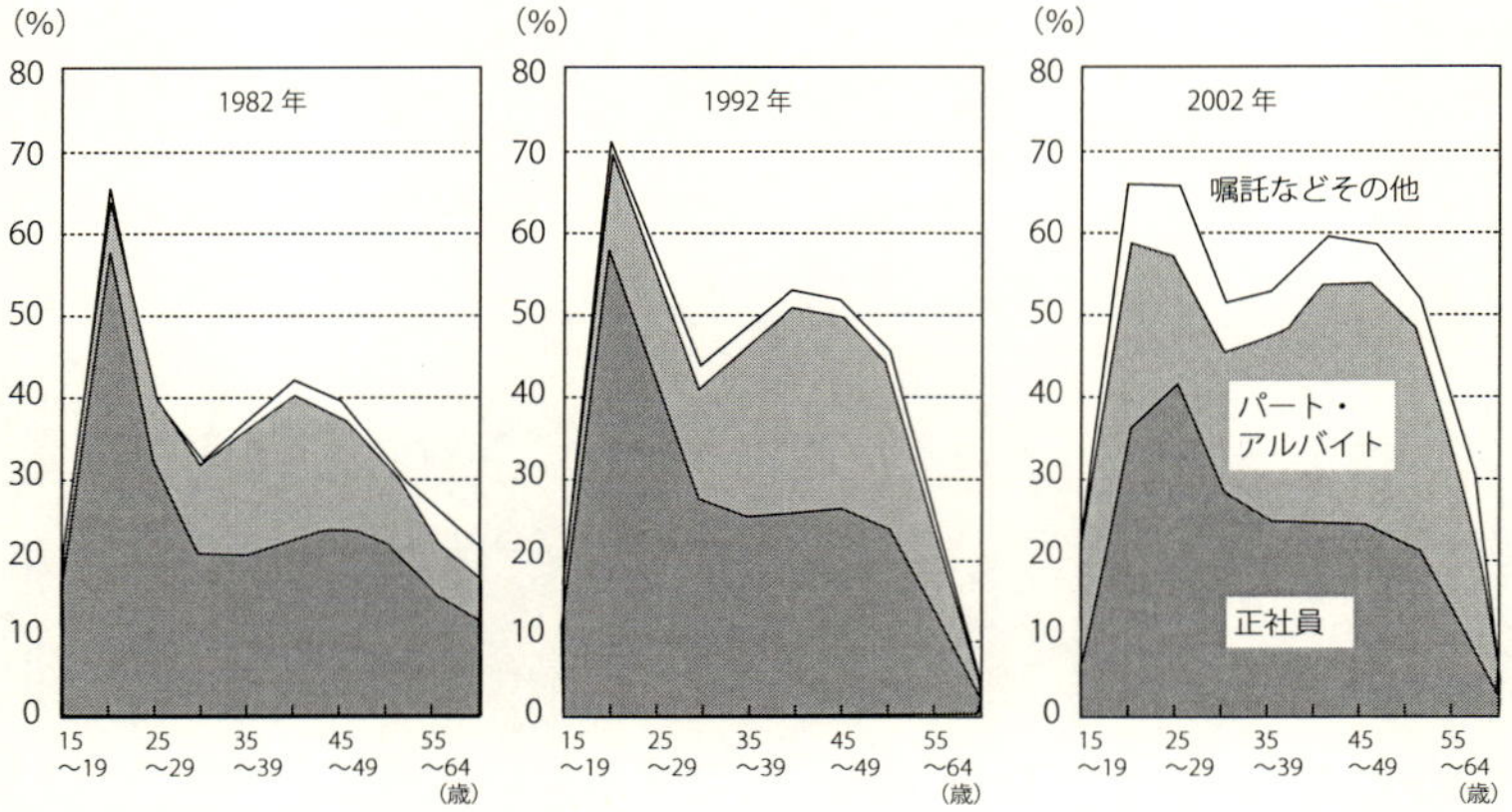


出所：総務省統計局「就業構造基本調査」

図表 6-1　雇用形態の内訳別年齢階級別雇用者比率(女性)

かび上がってきた。外資の影響だけではなく、日本人の意識が国際化していることも変化を後押ししている重要な要因となっている。

経済のグローバリゼーションの過程の中で、性差別をしないことが会社に利益をもたらすという認識が生まれつつあるようにおもう。

とはいうものの、人口構造の変化が本当に氷河を解かすのかどうか、不透明な部分も多い。大手中堅アパレルメーカーでは、三〇〇〇人以上の従業員を抱えながら、女性の管理職は一五人。すべて独身である。

不況でデザイナーなど専門性の高い部門は契約社員化が進んでいるともいわれる。第3章でのべた雇用形態の多様化によって生み出された雇用の不安定化の影響は、女性において大きい。

図表6‐1は、年齢別の女性の雇用者比率を雇用形態別にみたものである。八二年、九二年、〇二年という三時点で比較してみると、八二年に

は、多くが独身とみられる二〇代では大多数の女性が正社員として働いている。ところが九二年から〇二年にかけて、二〇代の女性のパート・アルバイト比率が大幅に上昇している。パートタイマーは既婚女性であるという図式が描けなくなっているのである。

いまの制度を維持して正社員を中心に、二一世紀の女性の能力活用をはかるのか、それとも、さまざまな雇用形態の労働者が、どのような形態で働いても、処遇や保障において差がない社会を作り、そのなかで、多様な労働者の能力を活用していくのか。今後どのような社会を展望し、社会制度を変えるのかが、女性の能力活用を考えるうえでも重要になっている。

## 企業文化を変える

女性の社会進出がふえるなかで、女性を活用している企業は、企業業績も上げているのだろうか。経済産業省の「女性の活躍と企業業績」研究では、女性の活躍と企業業績にはプラスの関係があることを実証している(経済産業省、二〇〇三)。

この研究結果のポイントは、だからといって女性の数をふやせば利益率も上がるということではない。「女性が活躍できる企業風土」があること。たとえば、復職しやすい制度があり、勤続における男女差が少ない企業で、女性を活用することによって利益を上げていることがわかった。

同時に経済産業省の研究では、仕事と育児の両立支援策は、直接利益には結びつかないという結果も出ている。ということは両立支援策を実施してもそれほど効果がないということなのだろうか。

人事管理制度に詳しい放送大学助教授の原田順子さんは、育児休業制度を導入しただけでは、企業の業績に直接結びつかない理由を、つぎのように説明する（大沢・原田、二〇〇六）。

企業文化とは「組織の歴史に深く埋め込まれた価値、シンボルであり」、このなかには目に見え、意識されているものだけではなく、「無意識の、当然だと思う信条、認識、考え、感じ方」といったものが大きく影響している。

企業文化を変えるためには、実は、この無意識の価値観を表面に浮かび上がらせて、自分たちが当然だと考えていることをもう一度見直すという作業が必要になる。

たとえば、育児休業制度や男性の育児休暇取得を促進するためには、「育児は女性の仕事」という仮定や、「長時間労働をする社員は良い社員である」とか、「個人の生活よりも仕事を優先すべき」といった価値観に気づき、それを変えることが重要になる。それができなければ、男性の育児休業取得率を上げたり、女性が結婚や出産などの理由で離職するのを止めることはできないというのである。

企業文化を変えることは、女性の活用だけではなく、労働時間を短縮し、ワークライフバランスを実現するためにも、重要になってきていることは前の章でもすでにのべた。前の章では、前提としていた家族像が変化したために社会制度が時代にあわなくなってきたことを指摘した。しかし、たとえ社会制度を変えても、社会全体の意識が変化しなくては、社会は変わらない。また、変わることをわたしたちが、本当に必要であるとおもっているのかどうかということも重要になってくる。

ところで、企業文化を変えるとは一体どういうことなのだろうか。組織の文化を変えることで、業績を一〇年間で三倍にした企業がある。アメリカに本社をもつ大手会計事務所デロイト・トゥシュ社である。

## デロイト・トゥシュ社の経験

〇三年六月にアジア財団とフリードリヒ・エーベルト財団とカナダ大使館が共催して、「女性・しごと・法律 男女平等な労働環境をつくるために―日本、カナダ、ドイツ、アメリカの取り組み」と題するセミナーを開いた。その会議に参加するために来日したのが、デロイト・トゥシュ社アジアパシフィック地区経営パートナー（共同経営者）のトレーシー・エドワーズさんである。

この会社が注目されるようになったのは、九三年四月に「女性の雇用維持と昇進のためのイニシアティブ」のプログラムを立ち上げ、約一〇年間で年間収益を一九億三〇〇〇万ドル（九二年会計年度）から五九億三〇〇〇万ドル（〇二年会計年度）へ約三倍に伸ばしたからである。また、従業員の満足度も高くなり、〇二年一一月の社員を対象としたアンケート調査では専門職の八〇％が友人に推薦したいと答え、八七％がデロイト・トゥシュ社で働いていることを他人に誇れると答えている。

会社が社内の意識改革に踏み切るきっかけになったのは、八八年に実施された顧客満足度調査の結果だったという。その調査結果は多くの顧客がサービスに不満を抱いていることが示されていたのだ。その理由は「担当者」が頻繁に変わることにあった。転職者の多くは女性従業員で、その数は男性の二倍に及んでいた。

追跡調査をしてみると、彼女たちは結婚や出産のために職場を去ったのではなく、同業他社に転職していることがわかった。なぜなのだろうか。(1)男性優位の社風がある、(2)男性に比べて女性が昇進する機会が少ない、(3)働き方に柔軟性がなく、仕事と家庭のバランスが取れにくい、などがその理由だった。

従業員の退職率が一%下がると年間二二〇〇万ドル(約二六億四〇〇〇万円)削減することができる。会社が成長し、利益を上げていくためには、社風を変え、女性が昇進しやすいしくみを作り、男性社員を含めた働き方の見直しをしなければならなかった。

改革のためのプログラムを発足させるにあたって、前アメリカ労働長官を議長とする社外諮問委員会を設置した。また、会社のCEO(最高経営責任者)を議長とする特別組織を作り、関連問題や解決の手順を決めた。そして、男女別の退職率、昇進率、報酬や査定の男女差を社内で公表。一部はウェブ上で外部に公開した。

もっとも効果的であったのは、マネジャー以上のすべての管理職を対象にしておこなった二日間の性差認識ワークショップであった。これが男性優位の社風を変えるためにとても役に立ったということであった。

社風を変えることの重要性については、日本の企業でも聞かれる。たとえば、NEC人事部の川田浩氏は、インタビューのなかで「管理職クラスの四〇代、五〇代社員が『娘の高校入学式だから』と休みを取るようになれば、若手もより育児休暇を取得しやすくなるでしょう。育休を取得した社員数の議論ではなく、職場の雰囲気を変えていく取り組みが大事だとおもいます」とのべている(「日経ビジネス Associé」、二〇〇三年九月一六日号）。

こういった一〇年間にわたる研修プログラムの実施による企業風土の変革や、柔軟な働き方を可能にしたことによって、デロイト・トゥシュ社では昇進する女性の数が急増した。女性のディレクターの数は九七人（九三年）から五六七人（〇二年）に急増。指導的地位にある女性の数も一四人（九三年）から一六二人（〇二年）に飛躍的に増加した。さらに、新しくパートナー（経営陣）に加わった人のうち、四人に一人は女性であった。

そして、当初の目標であった女性の定着率を高めるという目標も到達することができ、退職率の男女差は現在では一％以下にまで減少しているという。

この性差認識プログラムは、いまでは性差だけではなくて、多様な文化的な背景をもった異なる個人が、それぞれの違いが尊重され、受け入れられていると感じられる企業風土を作り上げるための研修プログラム（ダイバーシティートレーニング）へと形を変えて、多くの多国籍企業で実施されている。

ある外資系企業での研修プログラムについて、その概要を聞かせてもらったが、新人研修から管理職研修まで、幅広くかつ実際的な研修内容になっていた。

## レインボーキャリア

個人の多様性や違いとともに重要になっているのが、ライフスタイルの多様性ではないだろうか。

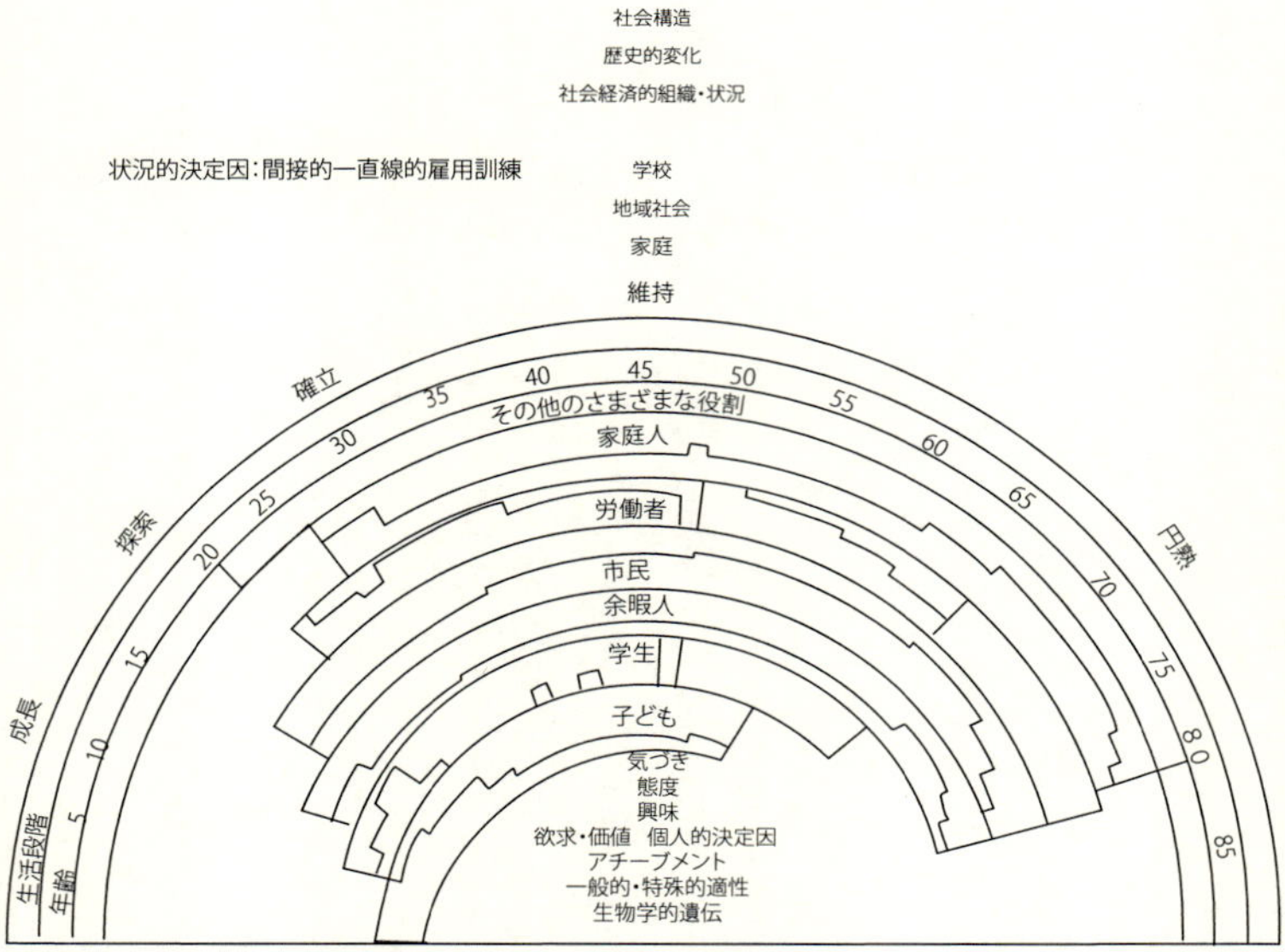

出典：大沢真知子・原田順子『21世紀の女性と仕事』（放送大学教育振興会、2006年）
図表6-2　ライフ・キャリア・レインボー

若い人を中心に、働くことに対する価値観が大きく変化している（第4章）。仕事か家庭かといった選択ではなく、仕事もプライベートな生活も、ともに大切にしたいと考えているひとがふえている。それがひとびとのライフスタイルの多様化にもつながっている。

また、仕事と生活のバランスが取れた生き方をすることが、仕事の成果を上げるうえでも大切になってきているように感じる。

このことを話したら、「ＮＩＫＫＥＩプラス１」の「独走マネー塾」というコラムに、ファイナンシャルプランナーの和泉昭子さんが、同じようなことを「キャリア」は仕事のみにあらず、というテーマのエッセーで書いているよと教えてもらった（「日経新聞」、二〇〇四年六月二六日）。

このエッセーのなかで紹介されているのが、アメリカの教育学者のドナルド・スーパーが提唱する「ライフ・キャリア・レインボー」というコンセプトである。人生のさまざまな役割が、七色の虹のように人生を彩るということらしい。この七色の虹にあたるのが、子ども、学生、余暇人、市民、労働者、家庭人、その他のさまざまな役割である（図表６-２）。

和泉さんは、この概念を使って「自分好みのリラックスできる家具を一つひとつそろえていけば『ホームメーカー』にもなるし、休日に朗読のボランティアをすれば『市民』に。ヨン様ファンの母親と冬ソナツアーに出かけるのも、『娘』としてのキャリアを磨くことになる」といった上手な説明を加えている。

そして、各個人は、自分のライフステージにあわせてこの七つのキャリアを組み合わせてライフプランを立てる。独身時代は、学習の時間や余暇を楽しむことが中心になるかもしれない。また、結婚したら、仕事とともに子どもや配偶者との時間を大切にするようになるだろう。そして、中高年になれば、友人とすごす時間や市民活動あるいは親の介護などにあてる時間がふえていく。

いずれにせよ、これからの時代、わたしたちは、仕事か家庭かといった二者択一の選択ではなく、人生のさまざまな局面で、仕事に重点をシフトしたり、あるときは家庭に重点をシフトしたりしながら自分なりの人生を生きていく。まさに、ワークライフバランスの時代が到来しているのである。

そして、これらすべての活動をキャリアとよぶからには、それらが仕事上でもプラスに働くということだ。厚生労働省のファミリーフレンドリー賞を受賞したある企業の管理職の方が、講演のなかで、「子育てを終えて職場に戻ってくる女性社員は必ず成長して戻ってくる。育児休業を従業員が取得することを（企業にとっての）コストと捉える考え方は間違っている」と語っていたことをおもいだした。

イギリスでも、「母親業ほど時間の有効利用を学べる機会はない」と子育てが仕事に活きると考え、それが出産後の女性の復職を積極的に支援する理由になっているという（藤森、二〇〇四）。どんな経験も人生のなかで無駄なことはない。そういったのは、作家の故遠藤周作さんだったように記憶しているが、まさに、さまざまな人生の経験がわたしたちのキャリアとなって蓄積され、人生を彩っていくのである。

### 次世代育成支援対策推進法

人生をライフ・キャリア・レインボーととらえる考え方は、団塊の世代の引退をひかえ、日本でも重要になってきているのではないだろうか。

東京のベッドタウンといわれ、駅前にショッピングセンターや官公庁の近代的な高層ビルが立ち並ぶ新興住宅地。ここの商店街の一角にショールームをもつ大手自動車メーカーの販売店が、訪れるお客さんの少ない週日に、事務所を地域に開放している。そこで、障害者が作ったパンを販売したり、必要なときにお母さんが子どもをあずけられるベビールームを運営したりして、地域貢献をしている。

発案したのは、販売店の所長さん。ここの責任者として活躍するWさんは、団塊の世代で、車の営業しかしたことがなかった自称仕事人間である。ところが二年ほど前に、そのサロンの運営をまかされることになった。思ってもみなかった突然の職種転換にはじめはとまどったが、障害者や子どもたちとの交流を通じて、なによりも自分の視野が広がり、世界が広がった、とWさんは自身の経験をそう話してくれた。

もともと農家の出身なので、子どものときから自然に親しみ、家族とともに農作業をしてきた。その経験がいまになって活きているという。

同じ県で子育てを支援するNPO団体のメンバーのひとりは、Wさんの会社の活動を高く評価している。月に二回、会議室が赤ちゃんのために開放され、会社に子どもを連れて出入りできるようになった。これが子育てに専念するお母さんの、会社との（心理的な）距離を縮める役割を果たすらしい。

一旦仕事を辞めてしまうと、知らず知らずのうちに会社とのあいだに見えない壁ができてしまう。昔いた場所なのに、いまは別の世界のようにおもえる。もう自分はあそこには戻れないのではないか。ところが子どもと一緒に会社にいくようになると、この壁が次第に低くなり、会社に通う自分がイメージできるようになる。それが、再就職のきっかけになったというお母さんの声も寄せられているという。

また、会社も歓迎している。ひとの出入りが活発になって職場が活性化した。そして、たまには、所長さんも顔を出して子どもと遊んだりする。孫と遊んでいるようで気持ちが和むということである。

日本でも、いま、働き方を見直す機運が高まっている。それには、〇五年の四月から一〇年間の時限立法として次世代育成支援対策推進法(次世代法)が施行されたことが大きい。

日本では合計特殊出生率が一・五七に大きく低下した次の年の九〇年から少子化対策が開始された。いままでの少子化対策は保育所をふやすことや、働く女性が仕事と家庭を両立させられるように支援することが対策の中心であった。また、新エンジェルプランが策定された九九年には、地域の子育て支援にも目が向けられるようになるが、それでも「子育ては女性の仕事」という暗黙の前提があった。

それを変えたのが〇二年に打ち出された「少子化対策プラスワン」である。ここではじめて少子化対策のひとつとして男性を含めた働き方の見直しが論じられるようになる。そして、〇三年になって、いまのべた次世代育成支援対策推進法案が国会に提出され、社会全体で働き方を見直すことを提案するとともに、企業の育児支援義務を大幅に強化した。

これは次世代を担う子どもたちが健やかに生まれ育つ環境をつくるために、〇五年四月から一〇年間で国や自治体、企業が行動計画を作って取り組むことを求めた時限立法である。

次世代法は、従業員三〇一人以上の企業に〇五年の行動計画を〇四年度末までに作り、都道府県の労働局に提出することを義務づけている。なお、三〇〇人以下については努力義務になっている。

働き方を見直すための企業の取り組みとしては、①所定外労働の削減、②年次有給休暇の取得促進、③多様就業型ワークシェアリング(短時間勤務・隔日勤務など)、④IT利用のテレワーク導入など

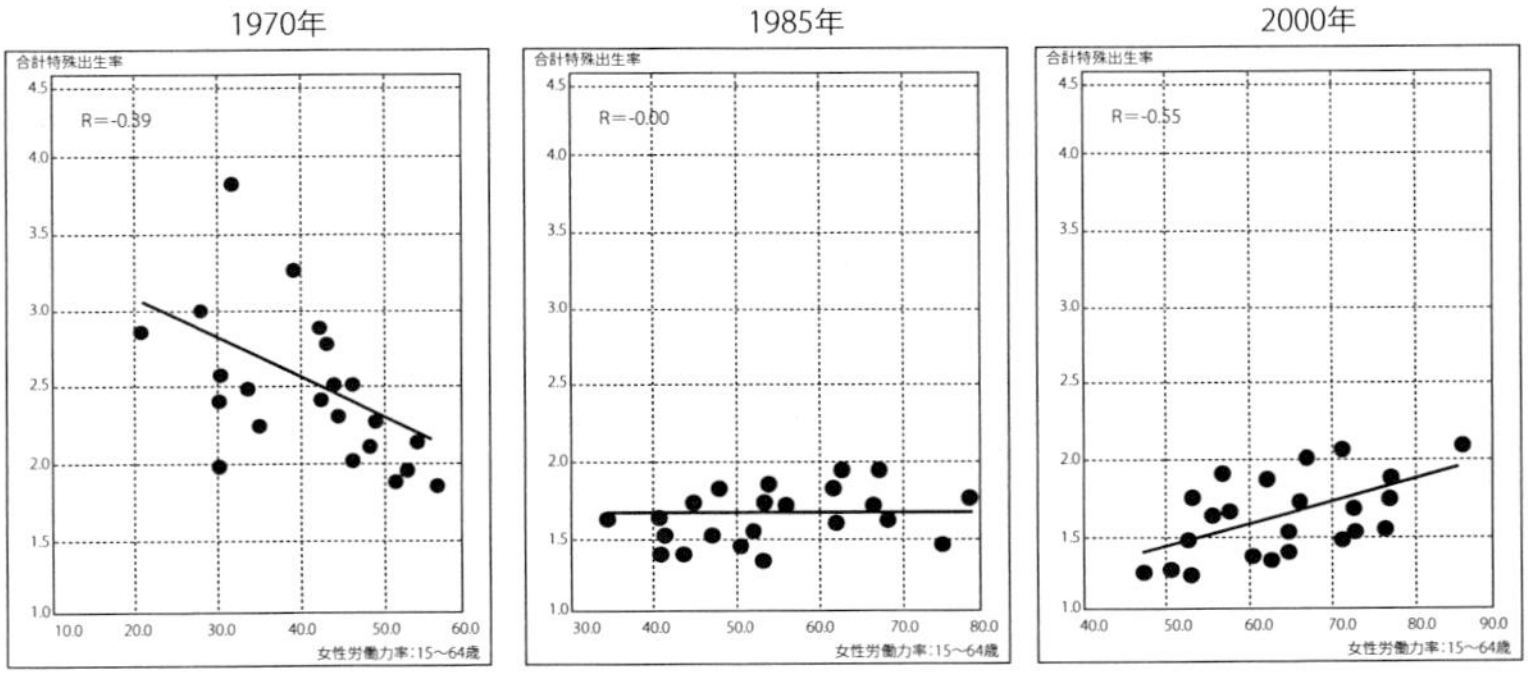


出所：Recent Demographic Developments in Europe 2004；日本：人口動態統計；オーストラリア：Births, N0.3301；カナダ：Statistics Canada；韓国：Annual report on the vital Statistics；ニュージーランド：Demographic trends；U.S.：Nationalvital Statistics Report, ILO Year Book of Labour Statistics より作成。
出典：内閣府男女共同参画会議、少子化と男女共同参画に関する専門調査会『少子化と男女共同参画に関する社会環境の国際比較報告書』(2005 年 9 月)

図表 6-3　合計特殊出生率と女性労働力率（15 〜 64 歳）（1970、1985、2000年）

が挙げられている。また、職場優先の意識や固定的な性別役割分担意識を是正するため、管理職を含めた労働者全員を対象に情報提供をしたり、研修を実施することが求められている。

企業は行動計画を策定しなくても罰則はないのだが、行動計画を策定し、認定が受けられると、認定マークがもらえる。それがその企業の注目度を高め、よい人材を集めるのに役立つというのが、認定マークをもらうメリットである。

**働き方と出生率の関係**

内閣府の少子化と男女共同参画に関する専門調査会で、最近、興味深い調査結果が報告されている。それは、OECDに加盟している三〇カ国のうちの一人あたりGDPが一万ドル以上の国、二四カ国を対象に女性の労働参加率と出生率の関係をみると、女性の社会進出が進んでいる国で、出生率も回復しているという結果である。

これについては、そういう関係にない国は除外されているという批判もある。たしかに、こういうたぐいの議論や、推計結果をうのみにするのは危険である。意図的に操作されているかもしれないとまずは疑ってかかった方がいい。事実、赤川学氏は『子どもが減って何が悪いか!』という著書のなかで、この点について、健全な批判をおこなっている。

ただ、赤川批判を受けて、この専門調査会の分析では、対象国が大幅に増やされている(一三カ国から二四カ国に増加)。また、女性の労働参加率と出生率とのあいだにプラスの関係がみられるのは、アメリカ、ノルウェー、デンマーク、フィンランド、オランダ、ルクセンブルグの六カ国であるが、これらの国で七〇年には、同じ変数(女性の労働参加率と出生率)のあいだにマイナスの関係がみられたことから、この三〇年のあいだにこれらの国でマイナスからプラスに転じる大きな変化がおきたことがわかる。そして、それが全体の結果に影響を及ぼしているのである。ちなみにこの事実は、人口学者のあいだでも広く共有されているものである。

この出生率と女性の社会進出の関係が三〇年間でなぜ反転したのかについては別の機会に論じるとして、わたしがこの結果をみておどろいたのは、全く別の理由からであった。

それは、前述の女性の社会進出が続くなかで出生率が回復した国のうちの三つの国(アメリカ、デンマーク、オランダ)は、スーザン・ハウスマンとともに開催した国際会議で、経済のグローバル化に比較的うまく対応している国でもあったからだ。ここでこれから論じるイギリスも結構うまく対応している。女性の労働力率も出生率もそこそこの水準にあり、また、不安定就労者の数も大きくふえているわけでもない。

ここでいううまく対応しているというのは、不安定就労をしている非正規労働者の増加が少なかったり、不安定就労から安定就労への移動がうまくいっていたり、パートタイム労働者の増加が、自発的な選択の結果おきているといったような理由で、社会へのマイナスの影響が少ないといった意味である。

なぜ経済のグローバル化にうまく対応した国は、出生率も回復しているのだろうか。その理由は、働き方にある、というのが、わたしの結論だ。

女性が働くと出生率が下がると考えられている。それはなぜかというと、働きながら子育てができないからだ。しかし、働きながら子育てができたらどうだろう。農家や家族経営の商店などでは、妻が働くのが当たり前。しかし、そういった共働き世帯と専業主婦世帯の子ども数は同じだった(七〇年代はじめのデータ)(1)。子ども数が少ないのは、妻が雇用者として働く世帯のみである。

そして、女性が雇用者としてはたらくことが一般的になった社会のいくつかで、出生率の回復がみられるのは、それらの国で、ただ単に保育所をふやすだけでなく、労働時間を短くしたり(デンマーク)、夫婦ともにパートタイムで働ける環境を整えたり(オランダ)、会社が従業員のニーズをくんで柔軟な働き方を認めたり(アメリカ・イギリス)したからだ。また、アメリカには一旦仕事を中断しても再チャレンジしやすい再参入しやすい社会環境が整っている(年齢などによって差別されない)。

もっとも、アメリカには移民が多く、その移民の出生率が高いといった特殊事情がある。しかし、九〇年代には、これら少数民族の出生率が下がるなかで、白人世帯の出生率は多少であるがふえている。

つまり、仕事と家庭の両立がしやすい働き方ができる社会で出生率が回復しているのである。それではこれらの国は、なぜ経済のグローバル化にうまく対応しているのか。それも働き方にある、というのが、わたしの結論だ。

すでにのべてきたように、経済のグローバル化は柔軟に活用できる労働者の需要をふやす。それをすべて外部の労働力の調整機能に頼るのか、それとも企業が直接雇っている労働者の働き方を柔軟にすることで外部の労働力の活用を最小に抑えるのか、どちらの戦略を使うのかによって、臨時労働者がどれだけ増加するかが決まる。

臨時労働者だけに頼ってしまうと、短期的には経費が削減できるのかもしれないが、長期には失うものも多い。これは、イギリスで取材した際に、ロンドン大学のシェリー・デックス教授から聞いた例なのだが、イギリスのある住宅金融共済組合では従業員の四割が臨時労働者であったという。何もかもがひどい状態で経営がうまくいっていなかった理由は、臨時労働者にまともに働く気がなく、正職員はかれらに繰り返し教えることにいらだっていたからだという。デックス教授は、インタビューのなかで、

「コストを削減し競争力を高めるためには、臨時社員や派遣社員を雇う前に、どのように働きたいかを従業員に尋ねることですね。従業員の満足度が高まり、生産性が向上すれば、臨時雇いへの依存度は小さくなります。」

とのべている。

わたしたちがハッピーに働ける柔軟な働き方を職場で生み出していくこと。それが企業の生産性の向上にもつながる。そうすれば、過度に非正規労働者に依存し、不安定就労をふやす必要もなくなる。そして、それを追求したことによる、意図せざる結果があるとしたら、それが出生率の回復ということなのではないだろうか。

こう考えると、働き方を変えるということは、少子化対策としてとらえられるべきではなく、日本の企業の生産性を向上させ、経済の国際化のなかで競争力をつけるための施策として位置づけられるべきなのだ。

そして、働く側も、ワークライフバランスが保てる働き方ができることで、子育てが楽しめる。それが出生率の回復に結びつくことは十分ありえるのだ。若い子育て世帯が何よりも望んでいるのは、まず、楽しんで子育てがしたいということではないのだろうか。

埼玉県が次世代法の施行にともなって、NPO法人と共同で、〇五年三月に作成した『働き方と暮らし方の見直し応援マニュアル〈埼玉版〉』には、以下のような記述がある。


子どもの数を増やすための少子化対策ではなく、若い親たちが子育てを楽しめる社会、子どもが子どもらしく健やかに育つ環境を整えるためにはどうしたらよいのかという視点で、この少子化問題をとらえたいと考えています。（中略）日本は二〇代・三〇代の男性の残業時間が他の先進国に比べて著しく長いこと、男性の家事・育児時間が非常に短いことで知られています。(中略)働き方の見直しをしなければ、子育て支援は完成しない。ひいては少子化も解決しないだろう」とわたしたちはいつも考えていました(『働き方と暮らし方の見直し応援マニュアル〈埼玉版〉』、二〇〇五年:一〇頁)。

### イギリスの試み

仕事と生活のバランスがとれる働き方を取り入れたのは、アメリカが一番早いことはすでにのべた。九〇年代になって、労働時間が長くなり、家族との時間があまりとれず、それが原因で家族との関係がうまくいかなくなったり、ストレスが高まり、それが仕事にマイナスの影響を与えるなどの問題が大きくなったことも導入にふみきる理由になったといわれている。第1章でみたように、長時間労働の文化はアメリカやイギリスや日本で顕著にみられた。ただ、アメリカとイギリスの違いは、イギリスでは政府がそれ(ワークライフバランス)を積極的に後押ししているところである。

なぜ、政府はこのようなワークライフバランスの導入に関心を示したのだろうか。ロンドン大学のデックス教授は以下のように説明する。

「九七年に発足した政府(ブレア政権)は、家族政策に関心が深く、勤労世帯の負担を軽減する施策を探りはじめました。親たちに何が必要か尋ねたところ、保育サービスの充実に加えて、勤務形態の柔軟化が必要だとわかったのです。つぎに政府は、この問題に取り組むにあたり、圧力をかけるよりも奨励策を探りました。二〇〇〇年にワークライフバランス・チャレンジ基金を設け、何百万ポンドという大金を投じて、柔軟な勤務形態の導入を考える企業を支援したのです。」

背後にはつぎのような経済変化があったという。好景気が長くつづき、労働需給がひっ迫したことである。優秀な人材を獲得し、定着をはかるために、より魅力的な労働環境を用意する必要が出てきたのである。〇三年に、就職希望者に提示する雇用条件のなかに、新たに「柔軟な労働時間の導入」を取り入れた企業が、一八・一％。導入はしていたがさらに内容を向上させた企業が三六・一％。また、労働者の定着を目的に、既存の従業員に対して労働時間の柔軟化を推進する企業が三四・六％にのぼったという（藤森、二〇〇四：一一頁）。

また、共働き世帯や離婚の増加によるひとり親世帯が増加したことも大きいらしい。イギリスは公的な保育所不足が深刻である。こういったなかで共働きをしながら子育てをするためには、夫婦で協力して働き方を調整するしかない。ワークライフバランスがとれた働き方をしたいという働く側のニーズが高まったのだ。

経済のグローバル化のなかで、二四時間営業する店や土日にも店を開けるところがふえている。このような変化のなかでサービス業や小売業を中心に、柔軟な就業形態を導入するニーズがうまれた。

また、企業の関心がファミリーフレンドリー施策から男性を巻き込んだワークライフバランス施策に変化していく背後には、男性も父親として子育てに参加したいという希望や、介護やその他の個人的な理由で、柔軟な働き方を選択したいという希望が働く側から出されたことも指摘されている(Dex and Smith, 2002)。

**具体策**

柔軟な働き方といっても、それは具体的にどのような働き方をさすのだろうか。図表6-4は、柔軟な働き方の勤務形態の具体例のリストである。

このワークライフバランス・キャンペーンが実施されたときに、現地に住み、それを取材した、みずほ情報総研の藤森氏は、柔軟な働き方をさらに「時短型」と「裁量型」のふたつに分類している。

①時短型

日本と欧米社会とでパートタイマーの定義が違うことについてはすでにふれた。時短型の代表的なものはパートタイム就労だが、これは週の労働時間が三〇時間未満のひとがすべてふくまれる。

その他、学校の期間中のみ労働し、子どもの学校の休暇中は無給休暇がとれる学期間労働、一定の期間のみ労働時間を短縮して、その後通常の労働時間に戻していく期間限定労働時短制度、フルタイムの仕事を数人で分けるジョブシェアリングなどがある。

## ②裁量型

労働時間はフルタイムであるが、働き方については労働者の裁量にまかされている場合である。代表的なものがフレックスタイムで、始業時間と就業時間が自分で自由に設定できる。

| |
|---|
| ○年間労働時間契約制(Annualised hours)年間の総労働時間数を契約しそれに基づいて週の労働時間を決定する。 |
| ○圧縮労働時間制(Compressed hours)通常よりも短い期間内での総労働時間数を契約する。例えば週5日勤務から4日勤務に変更し、総労働時間は同じ(5日分)とする。 |
| ○フレックスタイム(Flexitime)勤務時間を労働者が決定する。通常は合意された一定のコアタイムを含む。働いた時間分の賃金が支給される。 |
| ○在宅勤務(Home-working)フルタイム契約である必要はなく、労働時間を職場と自宅とに分割してもよい。 |
| ○ジョブシェアリング(Job-sharing)パートタイム契約を結んだ2人の労働者が一つのフルタイムの仕事を分担する。 |
| ○シフト労働(Shift working)営業時間が1日8時間よりも長い雇用主向け。あらかじめ契約すれば割り増し賃金を払う必要はない。 |
| ○時差出勤・終業(Staggered hours)業務の開始・終業時間を人によって変える。時間帯によって必要な人員数が変動する小売業などでは都合がよい。 |
| ○学期間労働(Term-time working)子供の学校の休暇中は無給休暇をとることができる。 |
| ○期間限定労働時間短縮(Reduced hours for a limited period)連続した一定の期間(例えば6ヵ月)労働時間を短縮し、その後通常の時間に戻す。 |

出典：労働政策研究・研修機構「ワーク・ライフ・バランス－欧米の動向とわが国への示唆」(Business Labor Trend,2006.1,p. 7)

図表6-4　柔軟な働き方(勤務形態)の具体例

圧縮労働時間制とは、一日あたりの労働時間を増加させて出勤日数を減らす働き方。年間労働時間契約制とは、年間の総労働時間をあらかじめ決め、雇用者が好きな時間に自由に働ける働き方である。

また、在宅勤務は基本的に自宅で作業をすることをいう。ＩＴの発達などによって、可能になった働き方であり、女性の社会進出とともに、広く利用されるようになっている。

そして、時差出勤・終業は時間帯によって必要な人数が変動する職場で、出勤や終業の時間をずらす働き方であり、シフト労働は、たとえば二四時間開業している小売店などでシフトを組んで時間をずらして働く働き方である。

一般に、時短型は、事務職に従事する女性の利用が多い。裁量型の働き方は独身の従業員などにも広く活用されており、職種や性あるいは家族の有無といった個人の属性よりも仕事の性格がそれを可能にしているかどうかによる。

また、このような柔軟な働き方を提供している企業は、二〇〇人以上の従業員を抱える企業、女性従業員を多く抱える企業、人事を担当するスペシャリストがおり、組合があり、男女雇用機会の平等を推進している企業で、多くなっている。また、公共部門や「ホテル・レストラン」「金融」といった部門で導入されるケースが多くなっている。他方、製造業や建設業、小規模の事業所では、導入が少ない。

興味深いことは、子どもをもつ雇用者のみが柔軟な就業形態を利用しているわけではないことである。たとえば、柔軟な働き方ができる職場で働いている従業員で実際に五七％がフレックスタイムを利用し、六〇％が在宅勤務を利用している。

また、このような柔軟な働き方をしている管理職や専門職も多い。六〇％がフレックスタイムをまた、五七％が在宅勤務をしている。

これらイギリスで導入されている柔軟な働き方をみると、すでに日本でも実施されている働き方がたくさんあることに気づくだろう。その意味では新しい働き方ではない。ただ違いは、日本では、このような働き方をしている多くが非正社員とよばれる人たちだということ。それに対して、イギリスでは、柔軟な働き方の選択肢が正規の従業員に認められている点である。

もし日本で、このワークライフバランスを実施するのであれば、同時に、正社員を中心とする労働法体系や社会保障の体系を大幅に変える必要があると考える理由はここにある。

いまのままのしくみが残される限り、柔軟な働き方は日本の場合は、非正社員の増加とそこでの働き方の柔軟化によって実現される可能性が非常に高い（すでにそうなっていることは、実証されている）。なぜなら、人件費の高い正規従業員のスケジュールを調整しなくても日本では非正社員をふやせば、人件費もそれほどかからずに、柔軟性に対応できるからである。しかし、過度に非正社員に依存してしまうと、それによって将来にわたって経済格差が拡大し（すでにその兆候がみられる。第3章）、また、年金や医療保険制度が空洞化してしまう（第5章）。さらに、若い人材をうまく育てられないという問題が生じる。

このような問題を避けるためには、正社員中心の労働法制度と社会保障の見直しが不可欠なのである。

## 組合の役割の重要性

柔軟な働き方を職場に導入するにあたって、労働組合が実際に重要な役割を果たしている。これはアメリカにはみられないイギリスの特徴であるといわれている(Dex and Smith, 2002)。イギリスでは、日頃から職場の問題について労使で話しあう伝統があることに加えて、賃上げが難しい現状のなかで、交渉の焦点が次第に「働き方」に移っているという事情もあるらしい。イギリスの大手組合TUCをたずね、働き方を変えるのに、組合がどのような役割を果たしたのかについて、ジョー・モリスさんに話を聞いた。

柔軟な働き方を導入するのに組合が主導的な役割を果たした例として聞いたのが、イギリスの中規模都市の公立図書館で、日曜日に開館するためにおこなわれた取り組みである。

日曜日に開館されることを市民は望んでいたが、図書館で働く職員は超過勤務になるので、乗り気ではなかった。そこで取られた策は、職員ひとりひとりに、どういう勤務体系で働きたいのか希望を聞いた。この希望と、日曜日に有給ではあるがボランティアとして図書館で働きたい人を募り、それらを組み合わせて、日曜日に図書館を開館することができた。

ふたをあけてみると、図書館の利用者は日曜にもっとも多かった。職員は前よりも希望にそった働き方が出来るようになり、利用者も一番利用しやすい日曜日に利用できることになった。さらに、はたらくことで少し家計に貢献したいとおもっていた、子どもがいてパートで働くお母さんたちが、日曜日に有償ボランティアとして働けるようになった。柔軟な働き方を導入したことで、労使双方にメリットが生まれたのだという。

そして、その実現に、労働組合は、ソーシャルパートナーとして、重要な役割を果たしたのである。

## ワークライフバランス導入の効果

ワークライフバランスに関するシンポジウムなどで、かならず出る質問は、その導入にはコストがかかるのではないかということである。

イギリスの経営者は、多様な働き方を導入することに対してかかるコストを、どのようにみているのだろうか。

図表6・5は、イギリスの貿易産業省（DTI）が九七年一〇月～九八年六月にかけて企業二一九一社を対象として実施した職場調査の結果である。

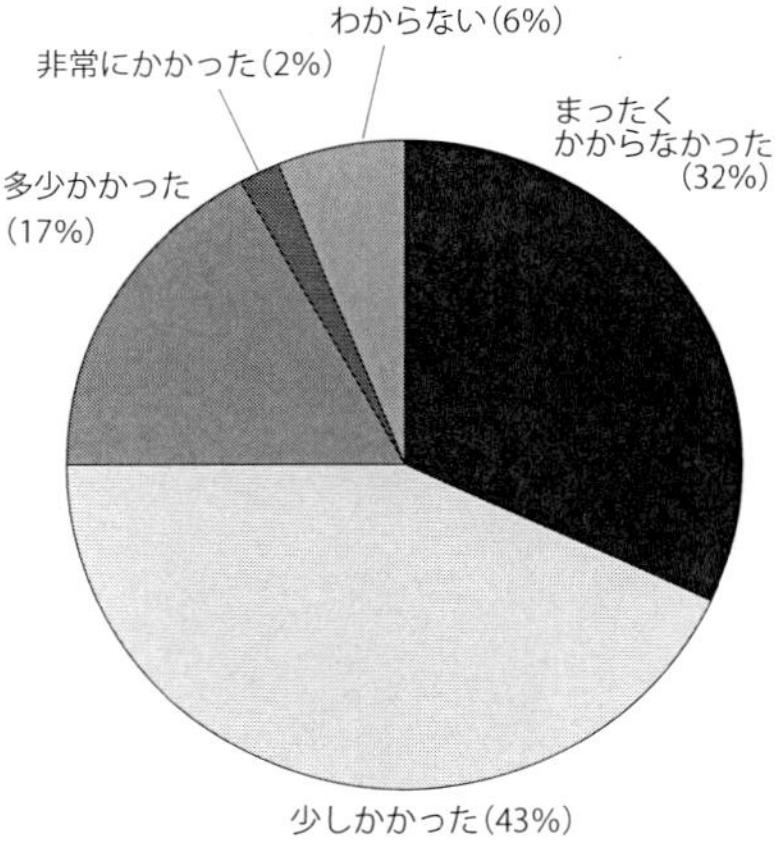


出典：Dex Shirley and Smith Colin, The nature and pattern of family-friendly employment in Britain, Family and Work Series, York: The Policy Press, 2002

図表 6-5　多様な働き方導入にかかった費用の事業所調査

これによると、非常にコストがかかったとする企業は全体の二％にすぎない。まったくかからなかった(三二％)に、少しはかかったがそれほどでもない(ミニマム)(四三％)を加えると七五％の企業が、それほどコストがかからなかったと答えている。

ちなみに、非常にコストがかかった企業の理由をみると、職場内に保育所を作ったためにかかる運営コストや従業員の子育てコストを補助したためにかかった支出などがその理由になっており、柔軟な働き方を導入したためにかかった費用ではない。

なぜコストはそれほどかからなかったのだろうか。

イギリスの大手法律事務所で、イギリスの「ワークライフバランス」企業ベスト一〇〇に選ばれたエバシェッドという弁護士事務所の人事担当者のカロライン・ウィルソンさんに、その理由を聞いてみた。それは、労働時間を短くした分だけ、給与も減るからだということだった。その見返りに、仕事の満足度は増す。

労働時間やパーフォーマンスにあわせて給与が支払われているから、企業はその点では損も得もしない。しかし、自分が望む働き方が出来れば仕事に対する満足度は高くなる。

とはいうものの、それぞれが自分の働きたいように働けば、その分、あいだに入って、それを調整しなければならない人事担当者の負担は高まる。管理コストもばかにならないのではないだろうか。

ところが、こちらの方も、たいしたコストではないという。一年に一回、上司と短時間会って、話し合い、微調整し、六ヶ月おきに問題が無いか確認するだけだという。もちろん、売り場でセールスをしているひとが家で働きたいと希望を出しても無理かもしれないが、大抵の場合は何とかなるとのこと。

短時間働くことによって、生産性が上がるということもあるのだが、企業が制度を導入する理由は、従業員の満足度を高めるためで、生産性を上げようという理由で導入するわけではないらしい。また、英国マネジメント協会（CIPD）がおこなった雇用主調査の結果からは、柔軟な働き方の導入が組織の利益につながっているかどうかについてのはっきりとした結論はえられていないという（横田、二〇〇六：九頁）。

しかし、従業員のモラールや満足度は上がるということははっきりと示されている。貿易産業省（DTI）が実施した事業所調査でも、管理職に導入の効果を聞いているが、

・従業員がハッピーになった（五〇％）
・職場でのパフォーマンスが向上した（二一％）
・従業員の定着率が高まった（三八％）
・よい人材の採用に役立った（四％）

などがプラスの効果としてあげられている（Dex and Smith, 2002 : p. 35）。

## ワークライフバランス・キャンペーン

九七年にブレア政権が誕生すると、仕事と家庭の両立支援が政府の優先施策として取り上げられ、長時間労働を育んでいる「英国の労働文化」を変えるためのキャンペーンが実施された。

政府はワークライフバランス施策の導入のために専門のコンサルタント機関を利用する雇用主に対して、資金援助をおこなうために「チャレンジ基金」を設置している。

申請の受付は、貿易産業省がおこない、支援対象者を決定している。期間は一二ヶ月。選ばれた企業は、コンサルティングの支援を受けながら、プロジェクトを実施し、その効果について情報を公開する義務を負う。

このプログラムのためにイギリスは二〇〇〇年から〇三年までのあいだに約二二億円の支出をし、四四八企業が支援を受けている。

また、ワークライフバランスのための雇用主連盟が結成され、この施策のメリットを広め、その取り組みを広げていくための啓発活動などもおこなわれている（現在は「ワークライフバランスと雇用主連盟」という団体に事業が引き継がれて運営されている）。

## イギリスの家族支援

最近までイギリスで研究調査をおこなっていた学習院大学の脇坂明氏は、〇三年がイギリス育児

仕事と生活の両立支援に関する法制度

○休暇制度
出産休暇
出産休暇は通常出産休暇(OML) 26週及び追加出産休暇(ALM) 26週、合わせて最長1年。OMLは法定出産給付(SMP)を受給できる。最初の6週は週給の90%、残りの20週は106ポンド(週給が106ポンド未満の場合は、週給の90%)、またSMPの受給資格がない離職者は、一定の要件を満たせば出産手当(MA)を受給できる。
育児休暇
1年以上勤続する労働者は、1週単位で1年間に4週まで、子供が5歳になるまでに合計13週の育児休暇(無給)を取得できる(障害をもつ子供が18歳になるまでに18週)。
父親休暇
2003年4月以降に生まれた子供の父親は、連続する1週または2週の有給休暇が取得できる。ただし休暇の最終日が子供の誕生から8週以内でなくてはならない。休暇中はSMPと同水準の法定父親給付(SPP)を受給できる。

○柔軟な働き方(flexible working)の申請権
6歳未満の子供または18歳未満の障害をもつ子供の親は、柔軟な働き方(労働時間の変更、勤務時間帯の変更、在宅勤務のいずれか)を申請する権利がある。申請日までに26週以上連続して働いていることが要件。雇用主はその申し出を真剣に検討する義務がある。

保育サービス

1998年より「全国保育戦略」に基づき、14歳までの子供を対象とした保育サービスが地方自治体、企業、ボランティア団体との提携のもとに提供されている。2004年末までに全国で52万5000ヵ所の保育所が新設され、初期教育プログラムとして3～4歳児に対して週12.5時間の初期教育が無料で提供された。また2004年12月には、新たな「育児10ヵ年戦略」が公表され、保育サービスのさらなる拡充が打ち出された。

関連法制度

○労働時間規制
1998年に整備された労働時間規制により、労働時間の上限を週48時間とすること、労働時間6時間当たりの休憩時間の設定、最低4週間の年次有給休暇の付与、夜間労働時間の上限を8時間とすることなどが規定されている。EUの「労働時間指令」により加盟国の国内法の整備が要請されていることを受けたもの。ただし、労働者が個別に合意すれば週48時間を超えて働くことができるという例外規定を加盟国中唯一適用されている(オプト・アウト)。

○パートタイム労働に関する規制
2000年に整備されたパートタイム労働に関する規制は、パートタイム労働者が労働契約条件において、比較可能なフルタイム労働者よりも不利な扱いを受けないことを保障するものである。EUの「パートタイム労働に関する指令」を受けたもの。

出典：労働政策研究・研修機構「イギリス及びドイツにおけるワーク・ライフ・バランスの展開」(Business Labor Trend, 2006.1)

図表6-6　イギリスのワークライフバランスを支援する法制度の一部

支援の転換点であるとのべている。子どもをもってはたらく両親のための支援策が打ち出されるようになり、その一環として、出産休暇が拡充され、父親休暇が新たに導入され、子どもの誕生から八週間以内に父親が二週間の法定休暇をとれるようになった。さらに、六歳未満の子どもをもつ親はだれでも柔軟な働き方を申請できる権利が新たに設けられている。また、〇七年からは、親を含む成人の要介護者の介護にあたる労働者にも同等の権利が認められることが決められた(図表6-6)。

このような一連の施策と柔軟な勤務形態が導入された結果、イギリス(イングランドとウェールズ)の合計特殊出生率は、九二年の一・八から〇一年には一・六四まで低下したあとに、〇三年では一・七三に上昇している。

注

(1)七四年で、専業主婦世帯の子ども数は二・二人。妻が家族従業者である世帯では二・一七人。そして妻が雇用就業者として働く世帯では、一・七人である(大沢、一九九三)。

終　章

# 実現へむけて

第6章では海外の事例を中心に、ワークライフバランス社会を展望した。日本でもワークライフバランスへの関心が日増しに高まってきている。仕事か家庭かどちらかを選ぶのではなく、どちらも充実させたいというひとがふえている（第4章）。

そういったひとびとの意識の変化を反映して、人事管理制度を大きく変えようというのが、ワークライフバランス施策の導入に踏み切る企業側の論理である。背後には、人口構造の変化と若年労働力不足といった経済変化があり、団塊の世代が、退職後の人生を考えるにあたって、いままでの仕事や生活をもう一度振りかえり、仕事と生活をバランスさせていくための企業研修なども ふえている。

ある会合で、柔軟な就業形態が選択できたために、自分自身がずいぶん助けられたと発言した若い日本人の男性がいた。別の機会にお会いして、その経緯や体験を聞かせていただいた。つぎは、Kさんから聞いた話である。

### Kさんの体験

日本で事業を展開している外資系の企業に勤めるKさんは三〇代前半。留学経験も転職経験もある。いまの会社に移ったのは二年前で、採用されてすぐに、日本企業とのジョイントベンチャーとして立ち上げられた新会社に人事の担当として出向を命じられた。ところが運が悪いことに、新規事業を立ち上げるという最も忙しい時期に相次いで両親が倒れ、余命いくばくもないと知らされる。しかも親が入院したのは別々の病院である。とても妻だけで対応できるような状況ではなかった。入社後一年がたっていないので法律で定められている介護休暇を取得することができない。有給もすべて使い切ってしまい、欠勤がふえてしまった。海外への出張を命じられても、親がいつ危篤になるかわからない危険な状態なので日本を留守にすることはできない。そうこうしているうちに、自分と会社とのあいだの距離は広がっていき、ついに決心して、退職願いを会社に出した。と、まあここまではよくある話である。出向先の会社は、事情を知っていたせいもあって、仕方がないと、退職届を受理してくれた。また親会社の方でも、親の看病が一段落したら、また入社試験を受けて戻っておいでよ、といった感じで退職話が進んでいた。

もうすっかり退職する気になっていたKさんのところにある日、トップの上司から一本の電話がはいった。アメリカ人の女性上司はこういった。「家族と仕事とどちらかを選ばなければいけない、ということはありえない」と。

社員としてのパーフォーマンスが悪いのではない。あくまでも、家族の介護という理由で、一時的に仕事にフルに打ち込めないだけなのだから、それを理由に会社を辞めるのはおかしい。休職という形を取ればいい。この一言で、本社との雇用が維持され、首がつながった。

残念なことに、休職し、これから看病に専念できるとおもっていた矢先に母親が亡くなり、その一週間後には父親も亡くなってしまった。ふたりいっぺんに亡くなってしまうと、精神的にもきつい。事後処理もいろいろとある。

つぎに会社がしてくれたのは、そういった精神的あるいは付随的な大変さから解放されるまでのあいだ、柔軟に働ける制度(Flexible Work Arrangement)を利用させてくれたことである。ここで、Kさんは、ワークライフバランス施策の恩恵を受けたのである。週三日の勤務を選択し、親の死去にともなうさまざまな事後処理を進めた。この間の給与は労働日数が五分の三に減ったことにともなって給与が二割カットされただけである。

ところが一ヶ月もすると、逆に不安になってきた。家族も養っていかなければいけない。フルタイムの仕事に戻りたい。すると今度、会社は帰ってくる場所(ポスト)をさがしてくれた。そしていままでは何ごともなかったように新しい会社で、仕事を続けている。その後昇給もし、処遇においても、家族の介護に費やした時間がマイナスに影響していない、というのが、Kさんが話してくれたこれまでの経緯である。

――会社がそこまでしてくれて、会社に対する気持ちが変わったというようなことはありますか。

そうですね。外資の企業なんですけれども、人にとてもやさしいので、上司がしてくれたことに対して、恩返しをしなければいけないとおもっていますし、会社に貢献したいなという気分に、その前よりもなりましたよね。それは会社全体にとってもいいことで、一定時期ちょっとブランクがあるけれども、そのあとすごい頑張る人間をひとりふやしたということですから。気持ちはすごい変わりました。やっぱり。

それまでは、会社とはイコールパートナーというスタンスで、成果を出せばいいやという気持ちでいましたけれども、ちょっと変わりましたね。

大切にしてくれたら、それなりのことをするっていうのは、ひととして自然なこと。損得勘定なしに、一生懸命働こうという気持ちになりますよね。上司とのあいだに信頼関係ができるかどうかでパーフォーマンスが変わるとおもいますね。

――上司の一言が大きかったわけですが、上司が女性だったということもあるのでしょうか。

もちろん根底には人柄とかやさしさがあるんですが、それよりも、「従業員に選ばれる会社になる」という会社の方針が大きかったとおもいますね。会社の上司は入社したときから、それを頭にたたきこまれている。その会社の方針にしたがうためには、何をなすべきかと考えて下した決定だったとおもいます。

――あくまでもビジネス上の判断？

そうだとおもいますね。多分そうなのではないでしょうか。「従業員に選ばれる会社になる」ためと、日本人のリーダーを育てるというミッションとが重なった。

会社はすごく時間をかけてひとをやとっているんです。たとえばひとりの年収が一〇〇〇万としたら、採用にかかる経費はその一・三から四倍。しかも解雇はすぐにはできない。かけた投資に対して意識的にならざるをえない。それだけ労力をかけて採用したひとは、基本的にとても大切にする。それが一番大きかったのではないでしょうか。

――このような機会が与えられるのはKさんの仕事のパーフォーマンスがよかったからなんでしょうか？

万人にこのような機会が開かれているのかといわれると、そうではないかもしれませんが、ただ、パーフォーマンスにむすびつけてそれが決まっているのかと言うと、そうではないとおもいます。問題は、一時的な家族の事情で働けないということだったので、それがだれの目にもあきらかであれば、だれでもこのような配慮を会社からしてもらえたとおもいます。

アメリカの企業がこのような家族の事情に配慮をするようになったのは、ごく最近のことである。長時間労働やそれによるストレスをそのままに放置しておけば、生産性の低下となって結局は業績に跳ね返る。他方、それに配慮した人事政策をとれば、モラールが向上し、職場の人間関係をよくする。さらには、会社のために「すごい頑張る人間」をふやすことになる。Kさんの話を聞いて、なぜワークライフバランスの導入に企業が関心を示しているのか、わかったようにおもった。

日本の企業がこれを導入するにあたっては、自分自身の組織文化や背後にある価値観をもう一度見直すことが必要になっている。日本の会社のなかには、仕事を優先するのが当然という価値観が支配的である。

つい最近、ワークライフバランスについて考えるシンポジウムに行った。その出席者のひとりが、病児保育のNPO法人フローレンスの代表をしている駒崎弘樹氏である。病児保育とは、子どもが病気になり保育園で預かってもらえないときに、一時的に子どもを預かる保育サービスのことである。いま日本で働くお母さんがもっとも望んでいるサービスでありながら、保育領域のなかでも社会的取り組みがもっとも遅れているといわれている。しかし、自分自身が切実なニーズをかかえるわけでもない独身の彼がなぜ病児保育のＮＰＯ法人を立ち上げたのだろうか。
それは、母親がベビーシッターをしていたもっともお気に入りの顧客がある日突然解雇されてしまったことがきっかけなのだという。解雇の理由は、子どもの突発的な病気で仕事に穴をあけてしまったことにある。そのときに駒崎氏は、「本人の責任ではなく、子どもの病気というやむをえない事情で仕事を休まざるをえないひとを解雇する、そういう社会に自分は住んでいるのか」と、大きな衝撃を受けたと話していた。

自分が小さいときには、子育てをサポートする地域社会があって、自分の母親が働いていたにもかかわらず、同じ団地に住む女性が自分の世話をしてくれた。しかし、日本には、自分が小さいころにあった子育てを助け合う地域社会はもうない。それならばそれを自分で作ろう。そう考えて、ＮＰＯを立ち上げたのだそうである。

このような若い人の発想も新鮮に感じるが、同時に、こういったエピソードのなかにも、仕事を優先することをよしとする日本社会の価値観を垣間みるおもいがする。

二一世紀は、無意識に受け入れているこのような価値観に気づき、新しい時代にあった価値観を受け入れていく努力をする時代になるのではないだろうか。

## 政府の役割の重要性

仕事と私生活のバランスがとれた社会を実現するにあたって、政府の役割も重要になっている。

政策の優先順位も見直される必要があるからだ。

これに関連して、ニューヨークタイムズ紙に、アメリカの経済学者、クルーグマン教授が興味深い記事を書いている(「ニューヨークタイムズ」、二〇〇五年五月二九日)。どういう優先順位にもとづいて、政策が立案されているのかが、そこに住む住民(国民)の生き方を左右しているというのだ。そして、アメリカの長時間労働の文化をフランスとの比較でつぎのようにのべている。

アメリカ人は、ヨーロッパの国に比べ自分たちの方が経済パーフォーマンスにおいて優れていることを疑っていない。最近のOECDの報告書によると、たしかに一人あたりのGDP(国内総生産)を比較すれば、アメリカの数字はフランスを上回っている。しかし、時間あたりに換算してみると、フランスの方が高い。

このことは一体何を意味しているのか。それは、フランスの労働者の方が、時間あたりの生産性が高いということなのだ。たしかに、労働時間が長い分、全体の総生産額はアメリカの方が多い。しかし、その分フランスの労働者は週あたりの労働時間が短く、有給休暇が多い。つまり、フランス人は報酬をお金ではなく、時間によってもらっているともいえるのである。

別の見方をすれば、アメリカとフランスの違いは経済のパーフォーマンスにみられるのではなく、何に価値をおいて経済が運営されているのか、その国の優先順位の違いにあるのである。

クルーグマンはさらに続ける。

たしかに労働時間が短ければ得られる所得は低い。消費水準も必然的に低くなる。しかし、そのような選択が可能なのは、フランスでは学校の運営が国費によって賄われているので親の負担が少ないこと。また、全国民が加入する医療保険制度があるので、いざとなったときには保険がカバーしてくれるという安心感があるからである(アメリカでは医療費が払えなくて破産宣告をする家族すらいる)。

どちらの方がより賢明な選択をしているといえるのか。最近の研究によると、国ごとの労働時間の違いを決定しているのは、国がどのような労働時間の規制をしているのか、その規制のあり方によるところが大きいという。それによって、ヨーロッパのひとびとは、家族や友人と過ごす時間を楽しむことができる。労働時間の短い国に住むひとほど幸福だと感じているひとの割合も高い。

アメリカの保守政権が家族の価値(family value)を強調するのであれば、フランス人の家族観を学び、それを経済政策に反映させてみる努力をしてはどうだろうか。

## ワークシェアリングはなぜうまくいかなかったのか

少し話が外れるが、このエッセーを読んで、なぜヨーロッパでワークシェアリングがうまくいって、イギリスやアメリカや日本ではうまく機能しないのかがおぼろげながらわかったような気がした。

ここでいうワークシェアリングとは、労働時間を短縮して雇用機会を維持・創出させることによって、雇用されている労働者と失業者とのあいだで仕事を分かち合うことをいう(樋口、二〇〇二)。日本では二〇〇二年に導入が検討され、それにむけて政労使が合意したが、あっという間に関心がさめてしまった。

また、アメリカやイギリスでは基本的に長時間労働の文化があり、労働時間の規制がない。それでもイギリスの場合は、週四八時間以上働くことを禁ずる法律はあるが、これもオプトアウト(Opt out)といって、労働者が合意すれば、四八時間を超えて働かせることができる例外規定をもっている。また、アメリカには労働時間の規制そのものがない。背後には、新たに労働者を雇って雇用をふやすよりも、同じ労働者に長い時間はたらいてもらった方が、人件費が削減できる構造がある。

図表7-1は、ドイツ、フランス、オランダ、イギリスの四カ国の労働時間に関する政策の違いをみたものである。ドイツやフランスやオランダでは、労働時間の短縮によって雇用を増やす政策が取られている。その実現に向けては、オランダは政労使の合意によって実施しているのに対して、ドイツは労使協定によって、また、フランスでは政府が主導して時短が実施されている。

これに対して、イギリスでは、第6章でみたように、企業の自主的なワークライフバランス施策の導入を政府が後方から支援する形で、長時間文化を変え、働きやすく家族が育てやすい社会を作る努力がされている。

また、日本では、次世代法(次世代育成支援対策推進法)が施行され、従業員三〇一人以上の企業には働き方を見直すための行動計画を策定し、提出することが義務づけられた。イギリスと同じように、政府が企業に働きかけて、ワークライフバランス施策の導入を促進している。ここに共通点がみられる。

| | | ドイツ | フランス | オランダ | イギリス |
|---|---|---|---|---|---|
| 内容 | タイプ | ワークシェアリング | ワークシェアリング | ワークシェアリング | ワークライフバランス |
| | 目的 | 雇用維持 | 雇用創出 | 多様就業 | 仕事と生活の調和 |
| | 導入方法 | 産業別企業別の労使協約（例）フォルクスファーゲン社(93年末) | 政府主導による労働時間の短縮 | 政労使の合意(1982年ワッセナー合意) | 企業の自主性(柔軟な労働市場確保)政府の政策的後押し |
| | 具体的な内容 | ・時短協約<br>・雇用確保<br>・直接的に時短を支援する政策はない<br>・同一労働・同一賃金の原則(85年就業促進法) | ・労働時間短縮に関する指導奨励法(98年)<br>・週35時間労働時間規制(2000年)<br>・社会保障負担軽減<br>・賃金削減回避 | ・時短<br>・雇用確保<br>・賃金抑制<br>・減税と社会保障負担軽減<br>・同一労働・同一賃金の原則(93年) | ・企業による自主的な柔軟な就業形態の導入(90年代後半)<br>・48時間労働時間規制<br>・同一労働・同一賃金(2000年パートタイム労働規制)等 |
| 経済指標の推移・参考 | 一人当たり年間総労働時間 | | | | |
| | 1983年 | 1618 | 1554 | 1530 | 1652 |
| | 1990年 | 1473 | 1528 | 1433 | 1704 |
| | 2000年 | 1381 | 1431 | 1331 | 1684 |
| | 2002年 | 1361 | 1393 | 1306 | 1671 |
| | 失業率(%) | | | | |
| | 1990年 | 4.8 | 8.7 | 5.9 | 6.9 |
| | 1995年 | 8.0 | 11.4 | 6.6 | 8.5 |
| | 2000年 | 7.8 | 9.3 | 2.9 | 5.4 |
| | 2003年 | 9.3 | 9.4 | 3.8 | 5.0 |
| | 生産性(2000年＝100) | | | | |
| | 1990年 | 80.1 | 82.2 | 86.5 | |
| | 1995年 | 91.2 | 90.2 | 95.9 | |
| | 2000年 | 100.0 | 100.0 | 100.0 | |
| | 2003年 | 103.2 | 105.8 | 99.4 | |

(1) 生産性は、1時間あたりGDPについて、2000年を100として指数化したもの。
(2) ドイツについて、失業率(1990年)、総労働時間(1983年、1990年)は、旧西ドイツの数値。
出所：厚生労働省『世界の厚生労働2004年―海外情勢白書』(TKC出版、2004年)、内閣府『世界経済の潮流』(2002年)などを参考にみずほ情報総研主任研究員藤森克彦氏が作成。

図表7-1　労働政策の国際比較：各国の「ワークシェアリング」とイギリスの「仕事と生活の調和」

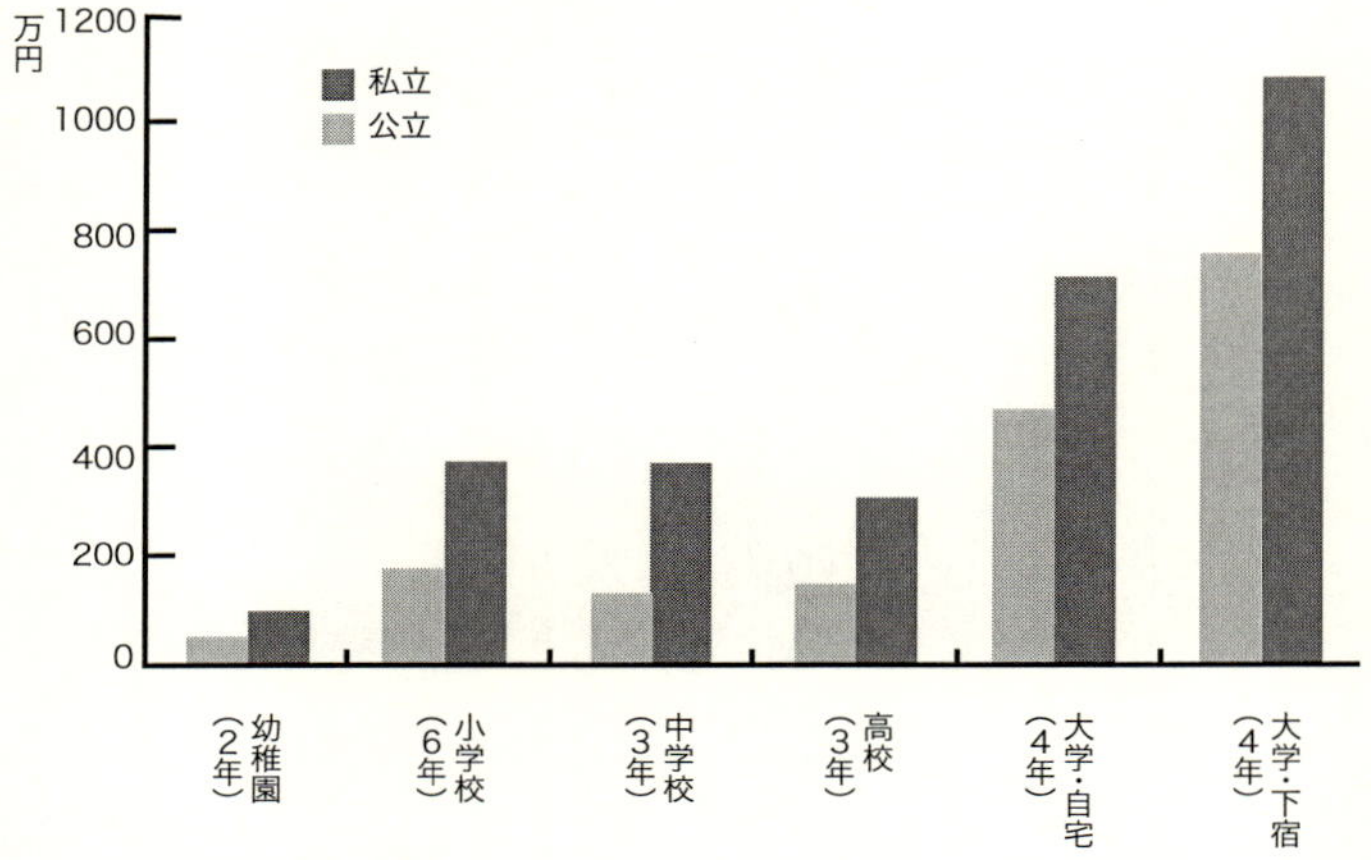


出典：総務省「就業構造基本調査」

図表 7-2　大きい教育費の負担

## 教育費の軽減

そして、もうひとつは、ヨーロッパの他の国に比べてイギリスやアメリカでは教育費や住宅にお金がかかることである。しかも保育所などのサービスを利用するに際して、政府の援助がほとんど受けられない。そのために、とくにアメリカでは、子どもがいる世帯で、良質のフルタイムの仕事があれば、子どもの教育費などのために、両親ともにフルタイムで働くことを選択しやすい社会になっている。

日本も教育費が家計を圧迫している。図表7-2は二〇〇〇年度の教育費負担を私立と公立に分けてみたものである。この図をみても、私立大学に子どもを四年間通わせると、一〇〇〇万円以上のお金が必要となることがわかる。加えて、公立の大学にいくために、子どもを塾にかよわせる親もふえている。教育費の負担が子どもをもつうえでの一番のコスト負担となっているのである。そのために両親ともに働かざるをえないのが現実である。

このような社会の現状では、ワークとライフのバランスをとるのは、理想ではあるけれど、多くの勤労世帯でそれを選択することはむずかしい。政府が率先して、教育費の負担を軽くするための施策を講じることも重要である。

## アメリカ・イギリスと日本の違い

ワークライフバランスの導入において日本は、アメリカやイギリスと似ているところがあるのだが、同時にアメリカやイギリスと日本では、基本的に異なった雇用構造がある。

アメリカやイギリスには、正規(常用)と非正規(臨時)の区別が明確にない。また、派遣という就労形態が労働者を正規に採用する前のスクリーニング(選抜)として機能していることも多く、経済のグローバル化にともなう雇用形態の多様化が、格差を生みにくい社会構造になっている。

これに対して日本では、正社員と非正社員の差が大きく、税制度や社会保障制度がそれを補完している。また、正規と非正規とのあいだの移動も少ない。そのために、経済の国際化にともなう不安定就労の増大が、格差を生み出しやすい構造がもともとある。この構造をそのままにしてワークライフバランス施策を導入してもワークライフバランスのとれた働き方ができるひとが一部のひとに限られ、この果実を皆でシェアすることはむずかしい。

もうひとつ重要な違いとしてあげられるのが、アメリカやイギリスでは解雇規制がゆるい代わりに、個人が移動しやすい労働市場が整備されており、会社以外に職業能力をつける場所があり、再就職しやすいしくみが整えられていることである。

いざとなったときの安全網がそれなりに存在しているのである。これに対して日本では、安全網が十分ではない。これは第2章で紹介したリストラされた中高年労働者の再就職の難しさをみればよくわかる。

デンマーク経済の成功もつきつめていくと、教育訓練プログラムの充実につきる。会社以外の場所で教育訓練プログラムを充実させて、再訓練を通じて再就職できるしくみを早急に整える必要がある。「やり直しができる社会」の構築が必要になっている。

また、イギリスではワークライフバランスを導入するにあたって、NPOが重要な役割を果たしていた。取材したのは、ワーキングファミリーズというロンドンにオフィスを構える団体である。ここでは、ワークライフバランス施策の導入に熱心な企業をリストアップして公表したり、柔軟な働き方に理解がある上司に『ベストボス賞』を出して表彰するなどのイベントも実施している。また、ワークライフバランスの導入に関するコンサルタントや、それを望む労働者に対してのアドバイスなどもおこなっている。

そして最後に、イギリスでは労働組合がこの導入に関して重要な役割を担っていた。日本での導入に際しては、組合の役割も重要になるだろう。

## ワークライフバランス社会へ

本書を締めくくるにあたって、本書で議論した内容について簡単にまとめておこう。

### 所得格差は拡大しているのか

日本の所得格差は本当に拡大しているのだろうか。つい最近も、このテーマをめぐって、国会で与党と野党のあいだで議論が交わされた。格差拡大はみせかけにすぎない、統計データからは確認されないといった政府の見解に対して、与党内部からも反論が寄せられた。

たしかに、正社員を対象にした実証研究では、所得格差の拡大は、人口の高齢化によってもたらされており、その影響を取り去り、同じ年齢層を比べると、格差の拡大は観察されない。唯一、格差の拡大が観察されているのが四〇歳代の大卒男性である。

しかし、対象を非正社員にまで拡大すれば、格差の拡大は実証されている。また、それが親から子どもに引き継がれ、固定化しはじめていることも実証されている。

さらに、九二年から〇二年のあいだに正社員は三五〇万人減少し、非正社員が五六七万人増加している（総務省「就業構造基本調査」）。雇用の安定した良い就業機会が減少しており、今後も不安定就労が拡大することが予想される。

### 非正社員はなぜ増大したのか

非正社員の増大はなぜおきたのだろうか。いままで、日本では、フリーターの増加は、親の経済力に依存して現在の生活水準を落としたくない若者(パラサイトシングル)の増加や、中高年の雇用維持のために若者が犠牲にされているといった世代間の利害の対立に焦点が当てられがちであった。

しかし、実際には、正社員になりたくてもなれない若者が増加しており、親の経済力に依存する若者が増大しているわけではない。また、中高年のリストラも実施されたのである。大卒のホワイトカラー労働者もリストラの対象になり、失業を余儀なくされた(第2章)。

### 不安定就労の増大は一時的な現象か

最近は、新卒の正社員採用もふえており、不安定就労の増大は一時的な現象で、今後団塊の世代が定年退職したあとは、若者の正社員採用もふえるといった議論もある。しかし、本書では、この傾向は、今後も続くと考える。

その理由は、これらの増加が経済の構造変化によっておきたとみるからだ。

本書では、フリーター現象も中高年のリストラも同じ経済の構造変化によって生み出された現象であるとみる。経済の構造変化とは具体的には、経済のIT化、経済のグローバル化、金融革命である。日本の経済が急速に世界経済のなかに組み込まれる中で、さまざまな規制が緩和され、外資の参入も進んだ。

市場が世界規模に拡大するなかで、需要の変動も大きくなり、それにあわせて柔軟に活用できる労働者がこれまで以上に必要になったのである。

そのなかで、新規に労働市場に参入するものや労働市場に再参入するものが、その変化に直撃され、犠牲を強いられた。しかし、この構造は日本だけではなく、先進国共通にみられるものである。その犠牲者の多くが若者である。若者の失業問題や不完全就労(能力が十分にいかせない職についているもの)の問題にどう対応するかが、多くの先進国で、重要な政策課題になっている。

## 日本の非正社員の特徴

先進国で不安定就労の仕事がふえていることを示す統計は、有期契約を結んで働いている労働者の数(このなかには派遣労働者もふくまれる)である。この数がどの先進国でもふえていること。また、その増加が企業の労働需要の変化によってみられることから、経済のグローバル化と不安定就労の増加とのあいだに関係があるという結論が導かれている(大沢・ハウスマン、二〇〇三)。

ところが、日本では、有期の臨時労働者の増加よりも、パートタイマーの増加の方が顕著である。その理由は、日本のパートタイマーは、諸外国の有期労働者と同じ不安定雇用の労働者であるからだ。他方、多くの先進国では、パート労働者とは、基本的には他の労働者よりも短い時間働く労働者である。つまり、諸外国以上に、日本では、パートタイマーの増大が社会にもたらす影響が深刻なのである。

そして、労働法制や福利厚生の適用、あるいは、社会保険の加入は正社員が中心になっており、年金や医療などの費用負担は労使でともに負担する。さらに、この負担は人口構造が大きく変化するなかで、ますますふえることが予想されている。これも正社員を少なくすることで人件費の負担を抑えるという企業の雇用戦略に影響を与えている。

## 若者に希望を失わせているのは社会ではないのか

このことから、本書では、若者に希望を失わせているのは社会だと論じた。「好きなことをやる」ことに固執するのはフリーターに多いといわれる。しかしそれは、好きなことをやろうとする人に対して、経済的に報われるしくみが整っていないという社会の側に問題があるのではないだろうか。また、このような雇用形態間の制度の違いが、企業のワークライフバランス施策の導入のインセンティブを削ぐ結果にもなっている。正社員以外に柔軟に活用できる労働者が存在し、それらの労働者には法律で定められている社会保険や医療保険などの支払い義務がなければ、非正社員を活用する方が、コストを節約できるからである。

## 正社員を問い直す

フリーター問題とは、突き詰めていけば正社員問題でもある。正社員のあり方を変えることができなければ、日本の非正社員問題を解決することはできないのだ。

日本の正社員は、会社の命令に対して拘束的に働き、残業、配置転換、転勤といった会社の命令に対してしたがうことが前提とされている労働者とされている。他方、パートタイマーとは、家庭の事情を優先して働ける労働者であり、働き方に選択肢がある分、処遇に差があり、勤続を積み重ねても、賃金にはそれがほとんど反映されない。

背後には、男性世帯主が正社員、その配偶者がパートタイマーという夫婦のあいだの性別役割分業が前提とされている。

しかし、いまこの図式が大きくくずれ、独身の男女のあいだに非正社員の割合が増大している。中流階級が、上下に大きく分かれ、所得階層の下がふえていく構造がここからもみてとれる。

実際の職場では、共働き世帯の増加にあわせて、配置転換や転勤をともなわない正社員や短時間勤務の正社員など、多様な働き方が生み出されつつある。そして、有期契約で採用されても、試験を受けて正社員の道を用意する企業も出現している。

正社員／非正社員という分類そのものが時代の変化のなかで意味を失っている。これにあわせて、労働法制を見直し、臨時的な仕事についている労働者以外はすべて、基本的な雇用の保障や権利を有する労働者として均等な権利が与えられるしくみを作る必要があるのではないだろうか。

このことによって課税ベースが広がれば、税収もふえる。また、社会保障における負担もへるのである。

## ワークライフバランスのコスト

本書は、格差やフリーター問題を生み出している犯人探しをするために書いたものではない。新しい時代に、わたしたちがどう生き、支えあっていくのかを共に考えるために書いたものである。

第４章でみたように、これからの時代は、ひとびとがそれぞれ異なった価値観にしたがって、それぞれの人生を選択して生きる時代になるのではないだろうか。経済発展というひとつのゴールに向かって、皆が一緒に走る時代が終焉したのである。

多様な価値観を認めあい、異質なものを排除するのではなく、異なったものが組み合わさって生み出されるダイナミズムが経済を発展させる新しい時代になるのだろう。

ワークライフバランス施策のシンポジウムのなかで必ず出るのはこの導入にどれくらいのコストがかかるのかという質問である。

しかし、わたしたちが真に問うべきなのは、ワークライフバランス施策を導入しなかった場合にかかるコストなのである。社会における不平等化の拡大、人材をフルに活用しないことによる業績の低迷、さらには、フリーターの増加による出生率の低下や税収の減少など。そして、社会保障制度の空洞化など、多くのコストを負担しなければならない。

他方、ワークライフバランス施策によってわたしたちがえるものは大きい。多くのひとが仕事と私生活をバランスさせて生きられる社会の実現に向けて、大きく社会を転換させる時期にきているのではないだろうか。

# 参考文献


日本語文献

赤川学『子どもが減って何が悪いか!』ちくま新書、二〇〇四年。

石田浩「社会移動から見た格差の実態」宮島洋・連合総合生活開発研究所編著『日本の所得分配と格差』東洋経済新報社、二〇〇二年。

今田高俊「平等社会の神話を超えて―戦後日本の産業化と社会階層」『日本労働研究雑誌』、No.472,10,1999.

伊礼智・大沢真知子・野矢茂樹「変わる豊かさの新基準」宣伝会議『人間会議』冬号、二〇〇五年。

岩井克人『会社はこれからどうなるのか』平凡社、二〇〇三年。

大沢真知子『経済変化と女子労働―日米の比較研究』日本経済評論社、一九九三。

――――『新しい家族のための経済学』中公新書、一九九八年。

大沢真知子・スーザン・ハウスマン編著『働き方の未来―非典型労働の日米欧比較』日本労働研究機構、二〇〇三年。

大沢真知子・原田順子『二一世紀の女性と仕事』放送大学教育振興会、二〇〇六年。

大沢真知子・鈴木春子・小倉祥子・本多ハワード素子『労働現場で何がおきているのか』日本女子大学大学院人間社会研究科紀要第一二号、二〇〇六年。

太田清「社会格差」宣伝会議『人間会議』冬号、二〇〇五年。

奥田碩『人間を幸福にする経済』PHP新書、二〇〇三年。

大竹文雄・大内伸哉・山川隆一編『解雇法制を考える』勁草書房、二〇〇二年。

大竹文雄『日本の不平等』日本経済新聞社、二〇〇五年。

鎌田耕一「委託労働者・請負労働者の法的地位と保護―業務委託・業務請負の法的問題」『日本労働研究雑誌』、No.526,5,2004.

苅谷剛彦『大衆教育社会のゆくえ』中公新書、一九九五年。

――――『階層化日本と教育危機―不平等再生産から意欲格差社会へ』有信堂高文社、二〇〇一年。

桐野夏生『OUT』講談社、一九九七年。

――――『グロテスク』文藝春秋、二〇〇三年。

久保知行「女性と年金の問題」年金総合研究センター『年金と経済』二三号、五、二〇〇四年二月。

クヌズセン、リズベット「デンマークにおける最近の出生率の動向―出生率上昇期の家族政策の影響」『人口問題研究』、一九九九年九月。

黒田祥子「解雇規制の経済効果」大竹文雄・大内伸哉・山川隆一編『解雇法制を考える』勁草書房、二〇〇二年。

経済産業省「男女共同参画に関する研究会」報告書、二〇〇一年。

経済産業省男女共同参画研究会「女性の活躍と企業業績」、二〇〇三年。

玄田有史「リストラ中高年の行方」玄田有史・中田喜文編『リストラと転職のメカニズム』東洋経済新報社、二〇〇二年。

玄田有史・篠崎武久「賃金格差と仕事格差」宮島洋・連合総合生活開発研究所編著『日本の所得分配と格差』東洋経済新報社、二〇〇二年。

厚生労働省「パート労働の課題と対応の方向性(パートタイム労働研究会最終報告)」、二〇〇二年。

国土交通省国土計画局「新たな地域力と地域社会の持続可能性を探る」、二〇〇四年。

埼玉県・NPO法人子育てサポーター・チャオ『働き方と暮らし方の見直し応援マニュアル埼玉版』、二〇〇五年三月。

佐藤博樹「働き方の多様化とその選択」佐藤博樹編著『変わる働き方とキャリア・デザイン』勁草書房、二〇〇四年。

佐藤博樹・佐野嘉秀「増える外部人材変わる人材活用」『日経ものづくり』、二〇〇五年二月。

佐藤俊樹『不平等社会日本』中公新書、二〇〇〇年。

柴山恵美子・藤井治枝・守屋貴司編著『世界の女性労働』ミネルヴァ書房、二〇〇五年。

生命保険文化センター『ワークスタイルの多様化と生活設計』JILI FORUM, No. 10, 2001.

社会経済生産性本部社会労働部『平成一六年度新入社員「働くことの意識」調査報告書』(財)社会経済生産性本部、二〇〇四年。

周燕飛「「個人請負労働者」の増加をどうとらえるべきか―企業別データから見えてくること」Business Labor Trend, February, 2005.

駿河輝和「希望退職の募集と回避手段」玄田有史・中田喜文編『リストラと転職のメカニズム』東洋経済新

報社、二〇〇二年。

盛山和夫「中流崩壊は「物語」にすぎない」『中央公論』、二〇〇〇年一一月。

橘木俊詔『日本の経済格差—所得と資産から考える』岩波書店、一九九八年。

——『封印される不平等』東洋経済新報社、二〇〇四年。

——『脱フリーター社会』東洋経済新報社、二〇〇四年。

長坂寿久『オランダモデル』日本経済新聞社、二〇〇〇年。

日本経済新聞社編『女たちの静かな革命』日本経済新聞社、一九九八年。

日経連労働問題研究委員会「労働問題研究委員会報告」、二〇〇〇年一月。

根本孝『ワークシェアリング』ビジネス社、二〇〇二年。

ハウスマンS・大沢真知子「非典型労働の増加の要因と労働市場に与える影響に関する日米比較」大沢真知子・スーザン・ハウスマン編著『働き方の未来—非典型労働の日米欧比較』日本労働研究機構、二〇〇三年。

パク・ジョアン・スックチャ『会社人間が会社をつぶす—ワーク・ライフ・バランスの提案』朝日新聞社、二〇〇二年。

樋口美雄編著『日本型ワークシェアリングの実践』生産性出版、二〇〇二年。

樋口美雄・太田清・家計経済研究所編『女性たちの平成不況』日本経済新聞社、二〇〇四年。

藤森克彦「英国の「仕事と生活の調和策」から学ぶこと」みずほ情報総研、二〇〇四年一〇月。

フェーガン・ワード「イギリスとオランダの非典型労働—両国の法規制は統合に向かうのか」大沢真知子・スーザン・ハウスマン編著『働き方の未来—非典型労働の日米欧比較』日本労働研究機構、二〇〇三年。

ホフマン・ウォルウェー「デンマークとドイツにおける就業形態の変化—典型的な働き方はどのように変わるのか」大沢真知子・スーザン・ハウスマン編著『働き方の未来—非典型労働の日米欧比較』日本労働研究機構、二〇〇三年。

前田信彦『仕事と家庭生活の調和—日本・オランダ・アメリカの国際比較』日本労働研究機構、二〇〇〇年。

松浦克己「日本における分配問題の概観」宮島洋・連合総合生活開発研究所編著『日本の所得分配と格差』東洋経済新報社、二〇〇二年

宮島洋・連合総合生活開発研究所編著『日本の所得分配と格差』東洋経済新報社、二〇〇二年。
村田弘美「フリーランサー・業務委託など個人請負の働き方とマッチングシステム」『日本労働研究雑誌』、No. 526, 5, 2004.
山田昌弘『希望格差社会』筑摩書房、二〇〇四年。
横田裕子「イギリス及びドイツにおけるワーク・ライフ・バランス政策の展開」Business Labor Trend, January, 2006.
ライシュB・ロバート（清家篤訳）『勝者の代償』東洋経済新報社、二〇〇二年。

## 英語文献

Dex, Shirley, Families and work in the twenty-first century, York: Joseph Rowntree Foundation, 2003.
Dex S. and Smith C.,The Nature and pattern of family-friendly employment policies in Britain, Bristol, The Policy Press, 2002.
Kishi, Tomoko, Structural Changes in the Japanese Labor Market in the 1990s, 丸善出版サービスセンター、二〇〇三年。
O'Reilly, J. and Fagan C., Part-time Prospects, London and New York, Routledge, 1998.
OECD, Employment Outlook, 2004.
Wetzels Cécile, Squeezing Birth into Working Life, Tingergen Institute Research Series, Universiteit van Amsterdam, 1998.

# あとがき

二〇〇三年の秋。研究室の学生たちと一緒にハローワークで失業者の聞き取り調査をした。そして、ひどく衝撃を受けたのである。数字をもとにわたしがおもい描いてきた労働者の実態と、実際におきている変化とのあいだにはあまりにも大きなギャップがあった。ガツンと頭をたたかれたような気がした。雇用の保障があるとおもわれていた中高年の労働者が失業していた。その影響はもっとも雇用保障が強いといわれていた大卒のホワイトカラーの労働者にも及んでいた。若者が長時間労働で潰されている。ここで見聞きした労働者の実態を多くのひとに伝えたい。そんなおもいで企画したのが本書である。それが段々と発展していってワークライフバランス社会を展望する本に変わっていった。その発展の軌跡は、本書を読んでいただいた読者の方にはおわかりいただけたとおもう。

あとがきを書くにあたって、今回はわたしを支えてくれた家族にお礼を言っておきたい。単著は今回で三冊目になるが、最初の本のときは、あとがきを書く前に力尽きてしまい、文章が浮かんでこなかった。見ると、足下で犬が遊んでいた。そこで犬に長い感謝の言葉を書いてしまったのである。夫は、自分への謝辞よりも犬への謝辞の方が長かったといまだにわたしをからかう。

二冊目では、本文を書く前から、何度も頭のなかであとがきの文章を練っていた。ところが突然出版の予定が早まり、あとがきを書く時間もなく本を出版してしまった。結局、お世話になった方々に、個人的にお礼をするにとどまった。

そして、三度目の正直で、今回は、両親にお礼の言葉を書いておきたい。三〇年も前になるが、アメリカに留学させてくれたことに対してである。

経済的な負担も相当重かったとおもうが、日本人の留学が一般的ではなかった時代に娘を海外に送り出すことには相当の勇気がいったとおもう。決断できないでいる父を説得したのは母の一言であったと後で父から聞いた。「娘の可能性を信じよう。」この母の言葉に父は何も言えなくなってしまったのだそうだ。父を説得してくれた母にも、母に説得されてくれた父にも心から感謝している。本当にありがとう。あのときにわたしを送り出してくれなければ、いまのわたしも、この本も存在しない。また、テニスに熱中していた若き日のわたしに、目を社会に向けることの重要性を説いてくれた兄と、そして、アメリカから帰国後にわたしたち夫婦を暖かく迎えてくれた兄の家族にも感謝の言葉を捧げたい。

この研究のためにいくつかの研究助成を受けた。グレートブリテン・ササカワ財団には、イギリスでの調査を助成していただいた。また、失業者の聞き取り調査の分析では、日本経済研究奨励財団から助成を受けた。ここに記してお礼を申し上げたい。

また、本書の編集を担当してくださった岩永泰造さんには企画から執筆に至るまでいろいろとアドバイスをいただいた。執筆が大幅に遅れたにもかかわらず、比較的早く出版にこぎつけることができたのは、岩永さんの尽力によるところが大きい。本当にありがとうございました。また、大学院生の猪狩真弓さんには図表の作成などを手伝っていただいた。なお、失業者のインタビューは、日本女子大学の大学院生だった鈴木春子、小倉祥子、本多ハワード素子と一緒におこなったものである。インタビューに応じてくださった方々に心からお礼を申し上げます。

最後になってしまったが、本書の執筆にあたっては、夫ジェフリー・キングストンに負うところが多い。ワークライフバランスのとれた生き方をすることによって、より豊かな人生が送れることを教えてくれたのは夫である。それを心がけることによって自分の生き方を少し変えることができたのではないかと思っている。また犬、ルーバーブ、ゴローにも特別の感謝を捧げたい。彼らからワークライフバランスの大切さを教えてもらった。

二〇〇六年二月

大沢真知子

■岩波オンデマンドブックス■

ワークライフバランス社会へ
——個人が主役の働き方

2006年3月24日　第1刷発行
2008年9月24日　第6刷発行
2015年7月10日　オンデマンド版発行

著　者　大沢《おおさわ》真《ま》知《ち》子《こ》

発行者　岡本　厚

発行所　株式会社　岩波書店
〒101-8002 東京都千代田区一ツ橋2-5-5
電話案内 03-5210-4000
http://www.iwanami.co.jp/

印刷／製本・法令印刷


ISBN 978-4-00-730242-8　　Printed in Japan